国图公开课

汉字与中华文化十讲

王 宁 著
国家图书馆 整理

生活·读书·新知 三联书店

Copyright © 2018 by SDX Joint Publishing Company.
All Rights Reserved.

本作品版权由生活·读书·新知三联书店所有。
未经许可，不得翻印。

图书在版编目（CIP）数据

汉字与中华文化十讲/王宁著；国家图书馆整理. —北京：生活·读书·新知三联书店，2018.4 （2024.12重印）
（国图公开课）
ISBN 978-7-108-05858-4

Ⅰ.①汉… Ⅱ.①王…②国… Ⅲ.①汉字-关系-中华文化-研究 Ⅳ.① H12

中国版本图书馆CIP数据核字（2016）第290273号

责任编辑	朱利国　马翀　赵庆丰
装帧设计	刘洋
责任印制	卢岳
出版发行	生活·讀書·新知 三联书店
	（北京市东城区美术馆东街22号 100010）
网　址	www.sdxjpc.com
经　销	新华书店
印　刷	河北松源印刷有限公司
版　次	2018年4月北京第1版
	2024年12月北京第7次印刷
开　本	635毫米×965毫米 1/16 印张18
字　数	208千字　图74幅
印　数	63,001-66,000册
定　价	50.00元

（印装查询：01064002715；邮购查询：01084010542）

"国图公开课"系列出版物前言

国家图书馆馆长 韩永进

"文化是一个国家、一个民族的灵魂。文化兴国运兴,文化强民族强。"当代中国,文化已成为民族凝聚力和创造力的重要源泉,优秀文化产品成为我国人民热切渴望的精神需求。在发展中国特色社会主义文化、建设社会主义文化强国的时代背景下,图书馆应该提供什么样的文化产品和服务,才能满足社会文化需求,引领公众文化消费,并使图书馆成为满足"学习大国"建设需求的公众终身学习平台和交流互动空间?

2014年,时任中宣部副部长的黄坤明同志来我馆调研时,建议国家图书馆顺应互联网时代大众阅读习惯和学习模式的变化,建设国家级互联网学习平台"国图公开课"。这与国家图书馆面对转型时期时代叩问的发展思考不谋而合。为此,国家图书馆在系统总结图书馆领域依托馆藏文献开展文化教育讲座的生动实践基础上,借鉴"慕课"大规模、开放、在线理念,于2015年4月23日(世界读书日)推出"国图公开课",致力于打造互联网时代精品网络教育与阅读平台,从而为推动全民阅读、建设学习型社会积极作为。

"国图公开课"是有主张的。它以传承弘扬中华优秀传统文化、塑造社会主义核心价值观为重心,以服务国家战略、提高公众生活品质为主线，鼓励高尚精神追求，弘扬主旋律，激发正能量，引导公众的价值取向和审美趣味。

"国图公开课"是有内涵的。它从阅读、课程、体验、交流四个维度设计和规划课程内容，打造学科深化、受众细化、形态多样化的国民通识教育课程体系，其内容覆盖中国传统历史文化的主要命题和基础知识。

"国图公开课"是有品格的。它依托图书馆宏富的馆藏文献，邀请各领域有重要影响且善于讲授的专家担任主讲，挖掘和萃取中华优秀传统文化的思想价值和历史智慧，系统传递该领域的知识信息，彰显现代文明社会对文化应有的敬畏与尊重。

"国图公开课"是有意趣的。它秉承开放、自由、多元和交融的理念，采取线上、线下相结合的技术手段，以通俗易懂的表达形式，赋予中华优秀传统典籍文献新的时代内涵。

经过两年多时间的精心培育，"国图公开课"已初步形成较为完善的精品课程体系，内容涉及经典阅读、历史文化、抗战史实、非物质文化遗产保护、音乐欣赏、儿童教育、休闲生活等多个专题领域，累计推出1000余场精品讲座，1.5万人参加专题课程现场录制，网络收看人数达830万人次，广播收听人数达120万人次。特别是结合传统文化传承、"一带一路"建设和纪念抗日战争暨世界反法西斯战争胜利70周年等重点和热点领域，策划了"汉字与中华文化""丝绸之路与丝路之绸""天地同和道法自然——论古琴的文化精神""中国的对日战争与日本的战后处理""昆曲""中国大发明"等精品课程，受到社会各界的广泛赞誉。中宣部和文化部对"国图公开课"给予高度重视和评价，指示要"不断扩大受众，不断提高质量，不断创新方式，不断取得新成就"，进一步"创新内容和形式，更加贴近读者观众，努力把这一课堂真正打造成传承和弘扬中华优秀传统文化，培育社会主义核心价值观，让更多读者观众受到启迪，受到熏陶的精品课堂"。

未来，"国图公开课"还将继续围绕中华优秀传统文化的核心内容，推进国民通识教育，促进全民阅读，服务学习大国建设，在课程体系建设、平台升级优化、传播渠道拓展、用户社区运营、馆藏资源挖掘、文创产品开发等方面不断创新，争取不断有新发展、新突破、新作为。特别是在"互联网＋"环境下，我们还将进一步探索与搜索引擎等服务终端的深度合作，拓展与传统媒体和新媒体平台的互联互通，建立以知识为核心的学习社区，扩大"国图公开课"在海内外的传播推广，提升品牌影响力，实现资源的立体化推送。

此次，我们将"国图公开课"的精品课程陆续结集出版，旨在以更加丰富优质的内容和更加灵活多元的形式，使"国图公开课"为更多的社会公众服务。书中特别增加了二维码形式的知识关联，读者在阅读的同时可以通过二维码获得公开课视频及相关参考资料，我们希望能够通过这种方式，将课程的知识性、通俗性、趣味性、艺术性和创造性融合在一起，为读者呈现一个充满文化元素和艺术气息的想象空间。

"国图公开课"系列的出版得到了生活·读书·新知三联书店的大力支持。它所秉承的"竭诚为读者服务"的店训、"人文精神，思想智慧"为坚守的文化精神，与本套丛书的精神追求和文化品格高度一致。国家图书馆与生活·读书·新知三联书店在传统文化传承发展方面的深厚积淀必将有助于我们共同为读者奉献高品质的精神产品。

2017年深秋于北京

"国图公开课"[①] 开课词

国家图书馆馆长　韩永进

亲爱的读者朋友们、观众朋友们：

大家好！

我是中国国家图书馆馆长韩永进，欢迎大家来到国家图书馆的"国图公开课"课堂。

图书馆邀请社会贤达来馆办讲座的传统由来已久。中国近代最早开办的公共图书馆——武昌文华公书林，早在1920年就在馆内设置司徒纪念厅，专供举办各种报告和讲座。对于广大读者而言，能够通过讲座这种高度浓缩又非常形象直观的形式，了解一位主讲者毕生研究之精髓，乃是人生幸事。因此，这种服务形式颇受广大读者的欢迎。

时至今日，讲座已成为全国各级各类图书馆普遍开展的社会教育活动之一，在提升国民素质、普及科学知识、传播中华文化等方面发挥了积极作用。各级图书馆精心策划，精心培育，产生了一大批具有广泛社会影响力的品牌讲座，例如国家图书馆的"文津讲坛""国图讲坛"、湖北省图书馆的"长江讲坛"、深圳图

[①] "国图公开课"第一课"汉字与中华文化十讲"于2015年4月14日开始首次录制，4月23日正式上线。

书馆的"南书房夜话"、广州图书馆的"羊城学堂"、大连图书馆的"白云书院"等。这些品牌活动日益成为城市生活中独具魅力的文化标志,成为社会公众心向往之的读书体验之地。

今天,互联网革命掀起的全球信息化浪潮为人们打开了更加广阔的信息世界,自主学习、终身学习越来越成为新的时代风尚,成为更多人内在的精神追求,一种基于互联网的开放、互动的新型学习教育模式——"慕课"应运而生。"国图公开课"正是国家图书馆借鉴"慕课"理念,利用"互联网+"技术手段,推动讲座服务转型发展的创新举措。

我们希望通过新技术手段,赋予图书馆讲座服务新的生命力,搭建资源开放共享、内容生动丰富、用户自由参与的互联网学习平台,使专家与学习者之间的交流互动更加方便快捷,使每一位勤学者、好学者都能通过参与"国图公开课"的交流、学习,获得进步与提高。

我们精心选择了"汉字"——这样一个最本源的文化主题,也是中华文明最重要的文化符号——作为"国图公开课"的首讲专题。大家知道,文字是人类走向文明的重要标志,有了文字,文明才得以记录、传承、发展。中国是世界四大文明中唯一发展至今从未中断的国家,其中一个重要原因,就是我们拥有目前世界上唯一仍被广泛使用的表意文字体系——汉字。因为有了汉字,我们才有了卷帙浩繁的史料、典籍,民族的记忆才得以延续,文化才得以传承。汉字是世界上最厚重的文字,它与中华文明血脉相连,是中华文化最基本的要素,是中华民族发展最古老的基因,它从五千年历史长河的源头走来,是中华民族凝聚力和生命力的伟大源泉。

我们很荣幸地邀请到北京师范大学文学院的王宁教授担任首讲主讲人。王宁教授是我国著名的语言文字学家、训诂学家,著有《训诂学原理》《说文解字与汉字学》《汉字构形学导论》等多部著作,为我国汉字标准化、规范化做出过突出贡献。王宁教授不只是埋首书斋的学者,她的汉字教育思想,更多着眼于面向大众的文化实践。

王宁教授为我们精心准备的这期课程,旨在让更多的人在科学了解汉字的基础上热爱汉字、敬畏汉字,不断推动汉字走向现代,走向世界,依托汉字推广、传播中华优秀传统文化。

下面,就让我们跟随王宁教授的脚步,一起走进"汉字与中华文化"的华美殿堂!

目 录

开场白

第一讲　文明的晨曦
　　——汉字的起源

第二讲　世界上唯一没有中断的表意文字
　　——汉字的性质与特点

第三讲　从甲骨文到楷书
　　——汉字的字体演变

第四讲　中华文化的基石
　　——汉字与中华文化的关系

第五讲　怎样分析一个字
　　——汉字的结构和字理

1

1

31

63

89

117

第六讲 不必都是书法家，却要写好每个字
——汉字的书写规则与书法艺术 … 141

第七讲 20—21世纪汉字问题大辩论
——汉字改革和简繁字问题 … 171

第八讲 告别铅与火的时代
——信息时代的汉字规范 … 197

第九讲 汉字有危机吗？
——汉字与当代社会 … 219

第十讲 学汉字，懂汉字，爱汉字
——汉字科学与汉字教育 … 247

后记 … 271

开场白

各位同道，各位朋友，非常高兴能够在国图公开课里讲头一课。这次，我要讲的总题目是"汉字与中华文化"。

汉字已经成为中国和世界的一个热门话题，成为东方文明最吸引人的标志之一。现在世界上各国朋友到中国来，最早接触的有关中国的事物，应当就是在我们的飞机场看到汉字书写的"中国"两个大字。

在国内，汉字已经普及，看起来似乎平凡，但它却有着漫长的不平凡的经历。它书写了中华民族的历史，负载了光辉灿烂的中华文化，它有超越方言分歧的能量，所以能够长期承担数亿人用书面语交流思想的任务，极大地增强了中华民族的凝聚力。由于有了汉字，我们才有了篆刻、书法这样世界一流的艺术。在当代，它又以多种方式解决了现代化信息处理的问题，进入了计算机，迎接了高科技的挑战，使汉语信息和东方文明顺利地传播到全世界。汉字是中华文化的瑰宝，也是世界人民共同的财富。因此我想，"汉字与中华文化"——这应当是一个大家感兴趣的题目。

我想把这个题目分成十讲来讲，在这十讲里，能够和大家一起来说一说汉字的发展演变、性质特点、字理结构等，让我们对汉字有更理性的认识；同时讨论一些有关汉字的现实问题，看看能否解除大家心中关于汉字的一些困惑，让我们能够更自觉地来维护汉字的健康发展；家长和老师们感兴趣的可能是对孩子的汉字教育问题，这也是我们在这十讲里会讨论到的问题。十讲的时间毕竟有限，如果大家有兴趣知道得更多，可以看书，国家图书馆有的是书给我们看。每一讲结束后，我会给大家一个提问的机会，开启一个答疑课，尽我的力量，回答一些大家感兴趣的问题，不论是关于汉字的历史，还是汉字的现实以及汉字的教育，都可以一起探讨。

从今天开始，我们将有十次愉快而充实的相聚。

第一讲

文明的晨曦——汉字的起源

人类有了文字，就开启了文明的时代。文字产生在蒙昧通向文明的路口。汉字是中华文明的开端，讲座的第一讲，我们首先讨论汉字的起源——汉字大约在什么时候、怎样来到我们的世界。标题就叫作"文明的晨曦"。

现在我们看到的最早的、可以称作"文字"的符号，是殷墟的甲骨文。多数的甲骨文在河南安阳发掘，少数也散见于其他地方。从甲骨文记录的卜辞看，它是商代的文字，距今大概已经有了3400多年的历史。

在四千多个不重复的甲骨文字中，有大约一千个字我们能够认识。不论是从数量还是结构的成熟程度看，甲骨文应当不是原初产生的最早的汉字，但是在甲骨文以前，我们还没有看到可以确认为汉字的书写符号。甲骨文既然是已经比较成熟的文字，这就需要判断，汉字的起源大概在什么时候呢？

这似乎是一个很神秘的问题。因为有了汉字，我们才能有书写下来的历史，也就是到了有史时期。没有汉字就没有记载下来的历史，我们叫史前时期。史前时期没有汉字，那么汉字什么时候产生的就难以确证，这是一个很简单的道理。

那么，这个问题我们怎么解决呢？如何去还原汉字起源时的状态呢？只能收集相关的资料，用科学的方法加以推论，在科学研究上叫作建立一种假说。假说，就是难以实证；科学，就是虽然没有直接的、足够的证据，却要有多方面的依据，并且经得起逻辑的推论。所以汉字的起源是一个人类学、历史学、文字学、考古学的交叉课题，是一个需要很深入研究的课题。经过很多专家考古的发掘，并参考很多国内外文字的发展历史、有史以来典籍上记载的一些传说，以及汉字自身发展的一些规律，现在，汉字起源的问题我们已经可以做一个约略的回答。大致可以推测汉字是怎么起源的，起源时是什么状态，大概在什么时候起源。

建立汉字起源的假说有四个方面的依据。

第一，我们要根据世界文字产生发展的一般规律来推断。中国属于世界文明古国，汉字是世界五种古文字之一，它跟其他的世界古文字的产生、发展应当有一些共同的地方，我们要借鉴其他古文字产生的一般规律来判断汉字的起源。

我们首先要明确一点，人类出现在这个世界上的时间非常久远，大约在五千多万年以前；语言是人类所以成为人类的标志之一，因此语言起源的时间当然也应当十分久远。比起语言起源的时间，文字的发生才是几千年以前的事。从一般逻辑来判断，一种文字总是在蒙昧通向文明的转折点上诞生，我想这个推论我们应该是不会怀疑的。世界上的古文明有一个特点，它们都产生在大河流域。人要在水边生活才能生存，没有水，人就不能够存活。研究远古文化的专家认为，鱼文化是最早的文化，为什么？就是因为人和动植物互相依存，都离不开水。

中国的文明最早是在黄河流域诞生的，再晚一些还有长江流域。大家都知道，我们把黄河叫作中华文明的摇篮。汉字是

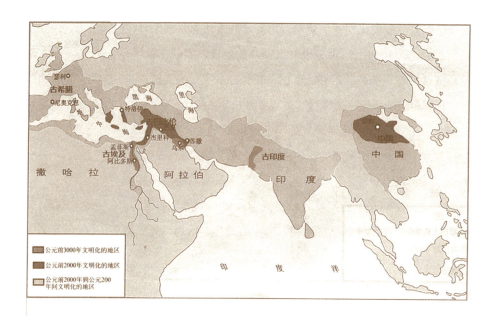

世界古文明地理位置图

随着中华文明的发展独立产生的一种本土文字,我们把这种文字叫作自源文字。我们知道,世界上有五种古老的自源文字,列表如下:

古文字	国家	河流流域	发源时间
楔形文字	古巴比伦	幼发拉底河底格里斯河	公元前3200年
圣书字	埃及	尼罗河	公元前3000年
克里特岛线形文字A	希腊	克里特岛河流	公元前3000年
克里特岛线形文字B	希腊	克里特岛河流	公元前1650年
汉字	中国	黄河、长江	公元前4000年

从这个表可以看出,这些自源文字都发源在古文明产生的地方,也都在大河流域或河流丰富的地区。

第一个是巴比伦,这里说的是古巴比伦,《圣经》上的巴比伦是新巴比伦。亚洲西部的亚美尼亚高原有两条河——幼发拉底河和底格里斯河,位于巴比伦境内,史称两河流域。大概是

塔斯马尼亚总督给土著人的图画文字信，建议和解，同时指出破坏和约者会遭遇的后果。

北美印第安人图画文字中用来表达抽象概念的象征性图像：1——生命(传说中有角的蛇)；2——死亡(头朝下的动物或人)；3——幸福、成功(龟)；4——灵巧(双翼代替两手的人)；5——战争(带箭的弓)；6——和平(插着羽毛的和解烟斗)；7——讲和(人吸和解烟斗)；8——友谊(连在一起的手)；9——爱情(连在一起的心)；10——注意、听(两耳边有波形线的头)；11——危险(两条蛇)；12——保卫(狗)；13——祈祷(举手朝向天及诸神)。

汉字产生时的状态如何？也可以和西方一些文字加以比较。在北美洲和澳洲，文字产生之前，可以看到一个文字画的阶段，也就是靠绘画艺术的直观性和形象性，来传递一个完整的意思，绘形越细致，给予对方的信息量越大也越准确，越能沟通信息的发出者与接受者。左上图是澳大利亚的塔斯马尼亚总督给土著人的信：前两幅画表示希望和解，后两幅画表示如不和解会产生的后果。①

左下图是从文字画中逐渐析为单图的情况，这些单图可以拼合使用。它发展为早期象形文字，最主要的变化在于它直接成为语言的符号，变得可识可读。另外，它的总体的直观性经过分析，变为一形即一词。这是北美印第安人用来表达抽象概念的象征性图像。它已摆脱了写实，析成单图，只是尚未与词对应，有意而无音。因此，它可以看作由图画文字向早期象形文字过渡的一种形态。

但是在汉字产生阶段发现的文物中，没有看到这种文字画，只看见一些表示意义的单图，后来发展为汉字中的象形字。

第二，就是根据有关汉字起源的书面记载来推论。有很多的记载，是正史上的记载，应当是信史或根据确凿的史实。其中也有一些只

---

① 以下两份资料转取自B.A.伊斯特林：《文字的产生与发展》，北京：北京大学出版社，1987年，第79、71页。

在公元前3200年，这个时候就有了它的文明，有了文字，这就是有名的苏美尔楔形文字。

第二种自源文字产生在大家很熟悉的埃及，埃及有一条世界闻名的尼罗河。大约在公元前3000年的第一王朝时期，埃及就有了圣书字。它有三种字体：碑铭体、僧侣体、大众体。碑铭体起初雅俗通用，后来因为雕刻在金字塔和神庙石壁上，或者绘写在石器和陶器上，成为一种庄严的正体，同时也是三种字体的总称。这种字体符号外形很像图画，但并没有象形表意的功能。僧侣体是实用的草体，主要用于宗教写经。大众体又称书信体或土俗体，它是僧侣体的简化形式。

在希腊的克里特岛，密布着小而短的河流。希腊文明有两种克里特岛自源文字：一种是克里特岛线形文字A，产生于公元前3000年，这种文字至今还无法破解；另一种是克里特岛线形文字B，产生时间较晚，大约在公元前1650年，这种文字已经被破解了。古希腊宫廷里面还有一些零零散散的象形字，已经不成系统。

我们的汉字就列在这些古代自源文字当中。汉字产生在我们的黄河流域和长江流域，现在估算，它产生的时间在公元前4000—前3500年左右，与上述其他古文字大致发生在相同的历史时期。

苏美尔楔形文字

埃及圣书字

克里特岛线形文字A

克里特岛线形文字B

是传说，甚至是一些神话。这些神话当然不是真实的史实，但是神话传说往往是真实历史的折射反映。很多神话传说的产生是有一定历史背景的，可以用来分析它的潜在含义。所以我们也可以分析这些神话传说，看看它给我们折射出来什么意义。

汉字起源时是什么状态呢？我们有一个说法，叫作文字起源于图画，这个意思不是说一幅图画随随便便忽然间变成文字了，而是说，人们观察自然世界，受到自然界物象的一些影响，想起来对这些自然界物象精心描绘。比如，我要说一只兔子，我就画一只兔子。我要说一条狗，就画一条狗。我要说一棵树，就画一棵树……所以在《说文解字·叙》里面有这么几句话："古者庖牺氏之王天下也"，"仰则观象于天"，就是仰头看见日、月、星；"俯则观法于地"，就是看见地上的树木花草和动物；"视鸟兽之文与地之宜，近取诸身，远取诸物，于是始作八卦……以垂宪象"。这段话来源于古代的经书《周易》，本来是讲八卦的来源的，放在专门讲文字的非常著名的书《说文解字》的序言里，间接讲了汉字的起源。汉字起源于八卦的说法虽然没有什么根据，但文字和八卦的出现有一个共同的规律，那就是他们都想把天上、地下所看到的东西描述出来，而且要区别开来。什么事物最早启发了这些渴望表现自己世界的造字者呢？是天上的日月星和地上鸟兽的脚印。为什么远古人那么重视日月星和鸟兽的脚印？因为在原始社会里，人的生产力低下，他们露宿在平原、山林和大河边，上靠天时，下依地利，和动物近距离地在一起生活。天时是否有利于生存对他们非常重要，动物对他们有没有害处也是至关紧要的。如果他看见老虎、狼、狗熊等猛兽，很难不受到伤害，并且需要召集很多人才能抓住它们。但是他看到一只羊或者一只鹿这样的食草动物，或者无害的鸟类、昆虫，就会利用它们或与之共存。而动物的

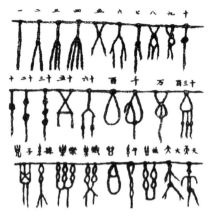
傈僳族用结绳法记账

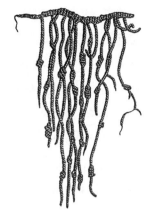
秘鲁土人的结绳记事

脚印都是分辨它们的信号。把这些信号设计成约定的符号是很自然的事。所以,《周易》说的"近取诸身"和"远取诸物",与人类发明文字同情同理。

那么,在有文字以前我们怎么能把需要记住的事情记下来呢?"结绳说"是一个可信的传说。《周易正义》引《虞郑九家易》说:"古者无文字,其有约誓之事,事大大结其绳,事小小结其绳,结之多少,随物众寡;各执以相考,亦足以相治也。"这段话的意思是说,当人类的生活日益复杂,需要记忆的时候,用结绳来记忆……大事系一个大结,小事系一个小结。结绳不但有史可考,也有文化的遗迹可以证明。我国境内的一些少数民族现在还有结绳这样的事。傈僳族用结绳法记账,哈尼族借债时用同样长的两根绳子打同样的结,各执一根做凭证。纳西族和普米族都用羊毛绳来传递消息……其他国家也有结绳的遗存,比如,秘鲁土人的结绳,用一根横的绳,下面还挂着很多竖的绳,每一根绳又有不同的颜色,每一种颜色表示某一种事,这样区别率就高了一些。但是,记忆要寻求的是区别,结绳的区别和社会的发展比起来,无论如何是不够的。事情再多一点,就会把事情记错、记乱。所以《说文解字·叙》说,"及神农氏结绳为治而统其事,庶业其繁,饰伪萌生",什么叫"庶业其繁"?事儿一多了,你绳子上系的都是疙瘩,你也不知道哪个疙瘩记的是哪件事儿了。因此,非常著名的有关文艺理论的书《文心雕龙》说"文象立而结绳移,鸟迹明而书契作",在结绳这样的记忆、记录方法不够用了以后,人类自然就有了发明文字的动机。只有文字才能满足记录信息、保留信息、传递信息的功能。这些说法都有相当的可信度。

在汉字的起源问题上,还有一个很重要的传说是不能不介绍的,那就是"仓颉造字说"。汉字是仓颉造的——这个说法在古代经书、子书上非常普遍。《淮南子》说:"昔者仓颉作书而天雨粟,鬼夜哭。"《吕氏春秋·郡守篇》说:"奚仲作车,仓颉作书,后稷作稼,皋陶作刑,昆吾作陶,夏鲧作城,此六人者,所作当矣。"在这些发明者的名单里,就有"仓颉作书"在内。秦代李斯"书同文",用小篆作了一篇《仓颉篇》,一共3300字,因为第一句话是"仓颉作书"而名为《仓颉篇》。仓颉造字这个传说可以说是言之凿凿,究竟是否可信呢?首先,黄帝和仓颉都是传说中的人物,虽没有详细的记载,但有一位很早时期的史官与文字有关,这是合理的推论。其次,汉字产生不可能是一人所为,应当是经过很长时期很多人自发地造字,积累到一定的程度,才渐渐自觉起来。《荀子》的《解蔽篇》说得好:"故好书者众矣,而仓颉独传者,壹也。"意思是说,仓颉这个人是有的,到了造字的兴盛时期,大家都造字,你发明一个"猴"字,我发明一个"兔"字,他发明一个"虎"字……字越来越多,也很乱。仓颉的工作只是"壹也","壹"就是整理工作。这样一说,仓颉造字的传说就更合理了。仓颉造字的说法虽然带有传说的性质,但黄帝的史官仓颉已经被大家看成一位中华文明造字的代表人物,成为大家崇敬的、汉字起源的一个符号。大家为他设帐立庙,按时祭拜,都是对我们的文字和文明的一种敬重。

第三,那些参照和传说,可以在我们早期的汉字中得到印证,现在,我们来看一看能够说明汉字起源时的状态的一些字。

先说"近取诸身,远取诸物"。近取诸身就是在自己的身体上——离自己最近的地方找到造字的形象。远取诸物就是参照自己之外看到的事物来造字。《说文解字·叙》说鸟兽的脚印有分辨禽兽的作用。我们先来看一个"番"字。《说文解字》解释这个"番"字说:"兽足谓之番。从釆,田象其掌。"意思是说,这个字上面从"釆"[biàn],下面的"田"形画的就是一只兽足。

这四个字,第一个字是周代的金文,第二个字是小篆,第三个字是古文,也就是战国时期的古文字,第四个字是古文字的"又"字。先看那个古文。如果我们知道古文字里的手就是"又"字,也就可以明白人的手和兽的足在周代已经分开了。再看金文和小篆,就可以知道,去掉下面的足形,上面是脚,底下就是脚的印,等于一个脚印像一个图章似的按到地上。如果再关注"釆"的意义,就可以知道这个字音和义都与"辨"的意思相同。这个字再造别的字时,更可以突出它的"辨别"义。比如说,"番"再加上一个宝盖儿,就是繁体字"審查"的"審"。審是什么?審就是仔细观察。它的意义正反映了原始人用脚印来分辨鸟兽的生活,也反映了他们在自然界求生存和发展的一种文化。

为了体会早期造字"近取诸身,远取诸物"的法则,我们在这一讲里先来认识几个较早的甲骨文字。

上面八个字属于"近取诸身",需要解释的是:甲骨文横着放的"目"和竖着放的"目"都是眼睛,只是竖着放的眼睛表示俯视。"止"画的是一只脚。"又"和"爪"都表示人的一只手,但"又"在下方,"爪"在上部。"自"是人的鼻子。这些"近取诸身"的字,可以用来再造与人有关的字。

这八个字是上面的字再造字。"直"用"目"直对目标表示"直视"。"相"用"目"面向一棵树表示"相对"。"韦"画两只脚(止)围着城转,表示"围绕"。"正"画一只脚(止)向城池前进,表示"正对"或"征伐"。"兴"用四只手抬物表示兴起,"攴"用一只手(又)拿着棍棒表示驱使;"攴"再造成"教",也有驱使之意。"受"用两只手表示"授受"。

下面再看几个"远取诸物"的甲骨文字。

这些字都是取人自身以外的自然界的形象造字：因"鸟"再造"鸣"，因"角"再造"解"，因"木"再造"采"，因"日"再造"旦"。我们把造字时采用的形象，称作"取象"，这些从自然界取象所造的字，按推测应当是最早时期，也就是汉字起源的那个漫长的时期里就有了的字。认识这些字以后，我们对汉字起源时的状态和起源的动因，应当有了比较具体的体验。

第四，根据已经发掘出来的和汉字起源有关联的一些考古资料。20世纪80年代以来，我国的考古事业有较大发展，给我们提供了大量的考古资料，让我们通过这些资料去追溯几千年前的文明。

自从汉字起源后，结绳我们不用了，其他传递信息的方式也都不是主要的了，这时，文字就渐渐起到了能够记录汉语的作用。我们现在要问，汉字到底什么时候起源的呀？甲骨文不是它的源头，哪里才是它的开端呢？我们知道，考古资料发掘出各种各样的实物，确证了很多的历史，找到了很多的器物，印证了很多的说法，最重要的是找到了很多符号。文字是一种记录语言的符号，那么原始的标记符号什么时候就变成字了呢？图画并不是文字，符号只有脱离了任意绘形、任意理解的阶段，音和义结合在一起，可以记录语言中的词，它可以念了，可以说了，这个时候，才能说这些符号已经成了文字，开始一个字一个字积累自己的字符，再经过史官这么一整理，字就越来越多，这个时候我们才说文字产生了。在考古资料里面有很多的材料，但我们不能证明它们已经跟语言结合了，也不能证明这些字之间彼此有联系，这些符号还不符合文字的定义，我们给它一个名称，叫"前文字现象"。前文字现象的意思是说，这批符号已经跟文字联系上了，可以用来大致推断汉字产生的时段，但并不能确定它们已经是文字。

为了让大家对那些刻符有一点感性认识，我想选四个已经公布了的刻符让大家看一看。这些出土的资料一般以它的发掘地点命名。

先看仰韶文化（公元前5000—前3000年）刻符：

1—25号，西安半坡遗址刻符。26—48号，临潼姜寨遗址。49—51号，宝鸡北首岭遗址彩绘符号。52号，长安五楼遗址。53号，郃阳莘野遗址。54号，铜川李家沟遗址。55号，临潼垣头遗址。56—59号，秦安大地湾遗址仰韶文化层

仰韶文化是黄河中游地区重要的新石器时代文化。1921年在河南省三门峡市渑池县仰韶村被发掘，所以称之为仰韶文化，它的持续时间大约在公元前5000年至前3000年，分布在整个黄河中游，从今天的甘肃省到河南省之间。今天在中国已发现上千处仰韶文化的遗址，其中以陕西省为最多，占全国的仰韶文

化遗址数量的40%，是仰韶文化的中心。陕西省在黄河流域的河套地带，物产丰富，有很多的刻符，这些刻符很像字，一定是有标志作用的，应当告诉我们一些信息，但是从后世文字中难以考察符形和音义的关系，所以只能称为前文字现象。

再看一看大汶口文化（公元前4300—前2200年）的陶器符号。

大汶口文化是新石器时代后期典型的父系社会形态，因山东省泰安市大汶口遗址而得名。分布地区东至黄海之滨，西至鲁西平原东部，北达渤海南岸，南到江苏淮北一带。你看这一个一个的大汶口陶符，都很像图画，和以后出土的古文字也很相像。

马家窑文化（公元前3300—前2100）的陶器符号。

1—10号，甘肃半山、青海马厂文化遗址。11—88号，青海乐都柳湾遗址

马家窑文化主要分布在黄河上游的甘肃、青海的洮河、大夏河、湟水流域一带，因1923年首先发现于甘肃临洮的马家窑村而得名。马家窑文化以彩陶器皿为代表，它的器型丰富多彩，图案绚丽多彩并极富变化，是世界彩陶发展史上无与伦比的奇观。这些陶器符号比起仰韶文化的陶符，形状有所不同。它的发现又一次证明黄河流域是汉字起源的一个非常重要的地带。有意思的是，这些符号都是在器物制成并干透后，用毛笔之类的工具蘸上颜料绘写上去的。我们祖先发明毛笔的时代，可追溯至此。

最后我们还要介绍一下良渚文化（公元前3200—前2100年）的刻符。它是在我国南方长江流域发现的，时间也很久远。

良渚文化时期的刻符

良渚文化遗址位于杭州城北18千米处余杭区良渚镇。1959年依照考古惯例按发现地点命名，是为良渚文化。1936年发现的良渚遗址，中心地区在太湖流域，而遗址分布最密集的地区则在太湖流域的东北部、东部和东南部，实际上是余杭县的良渚、瓶窑、安溪三镇之间许多遗址的总称，是新石器时代晚期人类聚居的地方。所以，我们中国的文明在黄河流域发源以后，辐射到了长江流域。

让大家看几个陶符，是为了让大家对汉字起源有一点印象。我们可以看一看大汶口的陶符和古文字的比较。看到这些陶符的状态和风格，我们可以相信，汉字的发生应当就在离此很近的时期内。

这五个陶符,第一个符号与甲骨文和金文的"旦"字非常像,上面原型是初升的太阳,下面像是太阳升起、脱离地面或海面余下的光晕。第二个符号是整个符号的下部,太阳在山头上的样子,这个山只是比后来的山多两个山峰。第三个符号很像甲骨文和金文中的"斤",斤是古代的斧子,直到今天,"斧""断""析"等这些和斧子有关的字还从"斤"。后面两个字都是干支字,也很相像。这就说明,这些符号,跟我们后来产生的文字已经慢慢地联系上了,因此我们敢说它是前文字现象,也就是汉字的前身。

除了很多陶符与汉字有联系,还有一些解释值得我们注意。这里,我想给大家介绍一位河南业余考古人士很有价值的说法,也是为了提醒大家注意汉字起源的远古状态。仰韶文化中期的庙底沟文化遗址,位于河南陕州古城南,是一处原始氏族公社的村落遗址,其中的彩陶纹非常精致。20世纪80年代有一位青年马宝光,专心研究那一时期彩陶上的鱼纹。

下面两排鱼纹。第一排a是彩陶中纵向套画的鱼图案,劈成单项为b,两个相对的鱼头拼成c,表示相交,最后演变成d,即甲骨文的"五"字。"五""午"同源,确有相交之义。第二排是彩陶中的鱼头图案，a是彩陶中横向套画的鱼头图案，组合为b，是四个鱼头相对，简作c或d。他认为春秋金文"四"正是由c变来；战国简"四"正是由d变来。

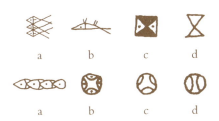

马宝光还提出一个假设，他认为甲骨文、金文的"明"字，也是鱼头纹演变来的。

上面的两行古文字和陶纹，a、b、c是甲骨文、金文，d、e、f是鱼头纹，它们是何等相似。"明"正是用鱼目来表示明亮。《尔雅·释鱼》："鱼枕谓之丁，鱼肠谓之乙，鱼尾谓之丙，鱼鳞谓之甲。"郭沫若曾说甲、乙、丙、丁是最古的象形文字，是否可以证实彩陶鱼纹和早期象形文字的关系？这个说法正好切合了古文明多半都发祥于大河流域、鱼文化，这往往是远古文化的历史事实。

上面这些考古发现，仅仅是我国多年来考古成绩的一个很小的部分，但是已经可以清晰地看到汉字起源的端倪，说我们的文明有五六千年左右，应当是可信的。

把上面四种证据综合起来，我们来推测汉字起源的时间。由图画传递信息，到产生图画文字，再由图画文字和花纹的图案和事物联系，表意的成分逐渐增加，然后慢慢地经过很长的一个时期，和西方古老的文明遥遥相望。这个过程呢，大概始于新石器时代，止于有史时期。我们说具体的时间，大概就是在公元前4000—前3000年，大约甲骨文再往上推一推，文字就应该有了。现在我们能够提出来的依据，最远的是公元前4000年左右的仰韶文化的陶符，属于新石器时代，大概是汉字起源的上限。

为什么我们要给汉字起源定一个上下限呢？我们知道，越是久远的年代，社会发展越慢。今天我们在很短时间发现、发明和更新的事物，古代要以几十倍甚至几百倍的时间来发展。古文明发展较慢，我们推出一个上限，比较严谨一些、客观一些。

下限在什么时候呢？下限绝对晚不过我们的甲骨文。《尚书》是我们中国一本记录古代历史文件的经书，它记载了很多实际的文告。《尚书·多士》记载西周初年周公的话，说："惟殷先人，有册有典，殷革夏命。"我们把夏、商、周称作"三代"，夏代应该是中国第一个有完整的世袭谱系流传下来的朝代，那么，夏初的时候，也就是公元前2100年左右，汉字就应该已经开始积累了。推断起来，汉字起源的下限大致可以定在公元前2100年左右。

我们用一个时间轴大致说明一下汉字起源的时间段。

一种文化延续五六千年，文字是历史文化的载体。尽管古代文明发源在不同的地方，但是，唯有汉字一直没有中断地延续至今。从《说文解字》的小篆看甲骨文，你还是能够认识它的，没有一个国家，能够做到这一点，我们是非常幸运的。

拥有了汉字，才能阅读数千年的典籍，获得文化，借鉴历

史。我们应当热爱汉字,敬畏汉字,努力去学习汉字,理解汉字,这是现代公民首先要有的一种文化素养。我们应该让这种古老的汉字焕发出新时代的生命力,能够在我们手里不断传衍,让它走向世界,走向未来。

现场问答

问：非常感谢王宁老师，也非常感谢我有第一个提问的机会。"听君一席话，胜读十年书"。我的问题是，您刚才说到由黄河流域"辐射"到长江流域的问题。我是昨天刚从广东回来的，在珠海那边也有一种很古老的文字，可能有四千多年了。所以我在想这样一个问题，就是我觉得汉字起源是一种相互辐射，而不是只有一个文化中心对外的辐射，我想这是一个非常值得探讨的问题，谢谢！不知道我有没有说清楚我的问题？

答：您说清楚了。这位老师的意思是说，一个文明的发源，不是只从一个地方开始的，它是从很多的点上起始的，这个话绝对不错。你们看我们中国这么大，中华文明是在不同的点上起源，这叫作"文明多元化起源说"。汉字也不是一个地方造出来的，但是它一定会有传播、交流、汇总、整理的阶段。所谓"相互辐射"如果指的是相互交流、传播，我们是同意这种说法的。但是也不能否认，一种文明的发源总会有相对更早一点的地域，也会有一些地域发源后对这种文明的发展影响更主要一些。多元发源并不等于没有先后和主次。这一点，我想大家应当可以接受吧？

问：王老师您好，我们常说，中国是五千年的文明古国。我想了解一下，我们所提的这个时间概念，是不是与我们文字的起源时间有关系呢？谢谢您。

答：我们常说五千年文明。前些日子，我好像记得有一个片子，叫作《汉字五千年》。五千年基本上是跟我们估计汉字起源的时间差不多。我们说六千年以前，说得好像比五千年早一点，但是我们有个上限下限之说，由于甲骨文之前能够称为文字的典型的符号至今没有看到，所以推测一个时段更为客观一些。通称五千年，说个整数，也是约数，不是大家好记吗？五千年文明，当然是有了汉字。没有文字的时候，我们不能叫文明时代。发明了文字，说明人类生产力和生产关系发展到需要广泛、深入交流的时期，而且文明必须传衍，一代一代往下传，没有文字怎么传？没有文字，口头语言无法超越时间和空间的限制，只能是一个人传一个人或身边的几个人，范围是很小的。所以有了文字，文明才能发展。五千年文明，就是从汉字起源开始说，您说的是对的。

问：王老师您好，刚才您在讲课当中提到，仓颉在中国历史上是一种传说。另外您又说，中国古籍上讲，在传说当中，仓颉是黄帝时代的一个史官。现在就有一种历史虚无主义者，他们提出两个质疑：一个就是说，仓颉在中国历史上是否确有其人？第二个就是说，在中国，仓颉作为黄帝的史官，在历史上是否确有其事？我们现在应该怎么正确地对待这两种疑问，请您谈谈。

答：好，这是一个很好的问题，涉及传说和信史的关系问题。我刚才已经讲了，我们为什么说仓颉不一定是实有其人呢？这个意思是说：有一个叫仓颉的人，他是黄帝的史官，而且他发明了文字。这样一个说法，我们在历史的记载中还得不到验证，不能说是信史，只是传说。另外，一个史官就能创造一种文字，在事实上也难以解释。但是这个传说是有真实性的。不管是什么时候，就一定会有一些人与文字的关系最密切，他们是最早发明文字的人，而且在整理文字，他们应该是史官，因为史官是大量使用文字的人，这个推测我们都不会怀疑。仓颉就是发明汉字、传衍历史的代表人物，是中华民族发明文字群体智慧的代表。大家崇敬仓颉，其实是在崇敬我们的先祖为我们后来的人迈出了第一步。如果没有这样一些光辉的发明，没有这样一些具有创造能力的祖先，怎么会有我们浩如烟海的典籍？怎么会有高科技数字化的电脑字？要知道从完全没有文字到逐渐有了文字这一步，是很艰辛而漫长的。历史是越发展越快的，远古蒙昧时代走向文明，时间是非常长的。我们怎么会不崇敬那些文明的开启者呢？仓颉虽然没有被信史确切地证明，但那个时代、那个事业、那些成果，常常会引起我们的遐想，让我们激动、自豪，这是很自然的。有些地方老百姓会建一个仓颉庙，旅游中、路过时去看一看，也可以理解。但我个人觉得，搞一些大型的祭奠活动，有些甚至是商业性的，或者叫作"文化搭台，商业唱戏"的这种活动，对现代社会文化建设并无好处，实在没有必要。

问：王老师您好，有些人说汉字并不是记录汉语的，有些汉字产生，甚至比汉语时间还要早，这种说法是对的吗？

答：这是现代很普遍的一个说法，因为大家都很喜欢汉字，认为字特别了不起，所以说它不是记录汉语的，它比汉语还要早得多呢。这虽然是一种误解，但是可以理解。只是这个说法不够科学。

在研究汉字起源问题的时候，学者们会注意到一些符号，认为这些符号有可能是文字的前身。不知道在座的有没有宁夏人，或到宁夏旅游过的人，在宁夏的贺兰山，可以看到很多很多的岩画，小羊、小马等动物，可漂亮了。这些岩画时代久远。还有一些出土的陶器上也有很多符号，在讲座时的大屏幕上，我曾给大家看过这些符号。这些符号是在记录什么、表现什么？大家都在联想、猜测，这些符号都不能证明是记录汉语的。可能是这些前文字现象造成了这种误解。

首先，在时间上，这些符号不可能比语言早。语言是人类所以成为人的标志。也就是说，有了人就有语言，人起源于什么时候，什么时候就有了语言，在有语言的时候，是绝对没有字的，连那些前文字现象都没有。我们现在所在的北京，可以证明人存在的北京猿人大概在什么时候。考古学家估算，往近里说约46万年以前，那个时候有字吗？那些出土文物都是人的制作物，上面的符号不论怎样描出来、刻出来，都是人类的行为。连人都没有，谁来发明文字啊。人的行为怎么会比人成为人更早？这是最普通的逻辑，说文字比语言更早不是很荒唐吗？

其次，要知道什么是"文字"？文字，是一种重要的人文现象，它是有定义的：记录语言的符号系统才是文字。文字是把口语转化为书面语的第二性符号系统。在一种符号还没有证明它记录了语言的时候，都不能叫作"文字"。即使我们推测这些符号会慢慢发展为文字，也只能称他们为"前文字现象"。不论是人类学、考古学、语言学、文字学……都不能把一切视觉符号叫"文字"。有了汉字以后，没有和语言结合的表意符号仍然不断产生，比如：表示体育项目的符号、国际和某一国家的交通符号、电报编码、系列商标……他们都在一定程度上表达了一些意义，但都不能称为文字，因为它们不是记录语言的符号系统。什么是一个字，这一点我们的定义不能动摇。科学是不能感情用事的，是不是？

问：王老师，谢谢您的讲座。我想提这样一个问题，这两年全国正在搞汉字听写大赛。从汉字的起源来说，是我们的祖先观察万象，首先获得汉字最初的表象。汉字是表意的文字，尽管汉字已经改革了，但是我们还能看到汉字里面很多的表意手段。这个中国汉字听写大赛出来的时候，我就有一个疑问，它把重心放在汉字的形和音上，而不是表意上。如果我来设计这个大赛，我会设计成认读和辨意，我不知道，这个汉字听写大赛的出发点是什么？谢谢！

答：这是个现实问题，讲到第七讲、第八讲的时候，我们会讨论一些有关汉字的现实问题。我可以先就您的问题说一下自己的意见。汉字听写大赛，一开始的创意是有积极意义的。因为那个时候，大家都觉得咱们有了计算机后，写字少了，出现了提笔忘字的现象，采用听写的办法，加上比赛，促进一下写字。您的意见合理的方面，是提出了汉字的性质问题。汉字是表意文字，光记它的音和形是不行的，一定要懂得这个字是怎么构造出来的。这个问题很重要，但是一个游戏式的比赛不可能面面俱到，总要有个侧重，出题要用语言传达，也就突出了音。也不是完全没有意义，用词和成语作为题目，也要懂得意义，但不是汉字构造的意义。希望将来会有关于构造的意义也就是字理的节目设计出来，让大家都知道汉字的形体是可以解释的，从而对表意汉字加深认识。

我们的孩子在小学念书的时候，一到三年级，他们的中心任务是识字，用识字来带动阅读。刚刚提问的那位先生讲得很对，认字不只是死记硬背，他要知道这个字是怎么造出来的，意义是什么，这些理念要靠基础教育来传达；还有一个，就是靠我们大众科学的社会教育，让我们大家都懂得汉字是怎么回事。这次的国图公开课就是要让大家对汉字有准确的认识。如果刚刚提问的那位先生能够有机会去设计一个有关汉字的大赛，有了对汉字正确的理解，我想您会设计得更好。现在这个听写大赛为了升级，题目越来越难，出的题目连大人甚至专业人员都感到生疏，日常生活根本用不着，弄得少数初中孩子去背字典，成为脱离同学的"明星"，这个路子的方向也不对，也有问题，会对基础教育产生负面影响。其实，汉字的教育不是靠一两个游戏可以解决的，主要靠学校的基础教育。但愿娱乐不要从反面冲击我们的正规教育，是为我们之所幸。

问：王老师您好，是这样的，刚才我注意到您的PPT里，有一个时间轴，讲的是咱们从仰韶、大汶口文化时有前文字现象，到后来殷商出土的甲骨文，中间好像有一个空白期，是不是夏朝？这时候文字是一个什么状态，或者它的载体是什么样子的？

答：对夏代的历史记载呢，我们现在也不是完全没有，《史记》就有《夏本纪》。另外《尚书》的《夏书》里也说："明明我祖，万邦之君，有典有则，贻厥子孙。"有典，当然就有了文字。但是它的字未曾出土，我们没有看到，我们现在看到的文字最早的就是殷商的甲骨文。不过据推测，殷商之前有一个相当长时间的文字发展期，有一部分文字跟甲骨文应该是差不多的。甲骨文存留下来，是因为它刻在龟的甲壳和牛的肩胛骨上，它的载体不腐烂，所以能存到现在。甲骨文刻的是卜辞，我们可以设想，在殷代和夏代，除了卜辞，其他方面也会有字，但是由于载体腐烂，我们看不到了。甲骨文已经相当成熟，在它之前一定还有文字。甲骨文发现四千多字，我们靠着《说文解字》和后代典籍，能够认识一千字左右，其他将近三千字，也还不能认识。这些字应当是没有流传下来的字，这些字也是推断夏代文字的一个线索。

问：王老师您好，我们中国的汉字，也有几千年的历史了。但是"汉字"这一名称，最早是从什么时候就有的？我是一个来自宁夏的回族人，我也在使用汉语和汉字，称这种文字为"汉字"，是否妥当？我想请王老师就这个问题给我们解答一下。

答：你是想问，汉字这个名称什么时候产生的，是吧？汉字应当指的就是今天所用的记录汉语的方块字。在先秦、两汉、隋唐的史书里，都没有出现"汉字"这样的词语。直到《辽史》《金史》《元史》中，才有"汉字"这样的称谓。这几个朝代都不是汉族当权，称"汉字"也主要是跟契丹文、突厥文、蒙文区分。以后记录汉语的字就称汉字。

问：我可不可以理解，汉字和汉语是汉民族的文字或者语言。

答：应该说，汉字的确是记载汉语的，语言都具有民族特性。但是汉语不仅仅是汉民族一个民族发展下来的。这一点，我想我们做文字学或语言学的人都知道。我的老师启功先生大家应当都知道，他是一位很著名的文献典籍的通家，也是一位对语言文字很有见地的书法家，他是满族人，爱新觉罗氏。他就说，我们现在的中国话也就是汉语里头，已经不知道掺了多少其他民族的音、其他民族的词、其他民族的思想和文化，发展时间越长，吸收的东西越多，当然，它的主体应该是汉族，所以一般称"汉字""汉语"，海外比如新加坡称"华语"。说起文化，我们称中华民族。

问：谢谢王老师。

答：你刚刚的问题，我再举个例子。音乐，我们很多的音乐，比如丝竹乐什么的，都不是汉民族的，少数民族的音乐比我们发达得多，但现在集中起来了，我们也说是我们的国乐。你说它哪一点是哪个民族的，已经真的说不清楚了。我国境内很多其他的民族，在艺术方面，给了我们大量的推动力，给汉语输送了大量的营养。所以我们叫中华民族。我们不叫汉民族，汉语、汉字能够发展到今天这样丰富，是很多很多民族给它推手，不然它到不了今天。

问：王老师好，我们家有一个小朋友，他正在识字阶段，小学一二年级这个阶段。所以您刚才提到讲汉字的绘本，现在书店和网上有很多版本。对这个阶段的小朋友，您在教汉字和绘本方面有什么样的建议？

答：您想知道怎么教他学汉字，是吧？本来，孩子学汉字完全可以送到学校让老师去教，但是家长都不放心，要在学前阶段自己教教孩子。有些教的得法，也有些不太得法。现实的问题是，现在教育上有很多问题，很多学校在吸收一年级孩子入学时就要看他（她）已经认识了多少字，逼得家长不得不刻意提前孩子学习汉字的年龄。还有些不科学的说法，认为汉字学习能够开发右脑，学汉字越早越聪明。其实这些都是没有什么根据的说法。学前儿童很重要的是发展语言，学会思维，我们一直都在说，汉字是记录语言的，语言能力对识字有一定的制约，我们把孩子会用来表达自己所知的词集中在一起，称作他（她）的"心理词典"，进入孩子心理词典的词，他认识书写这个词才有用。学前阶段，家长可以关注孩子语言发展的能力和与语言相关的思维能力，当他们对字产生兴趣的时候鼓励他们把字和词联系起来。这些教育最好随性而发，不要刻意勉强认很多字，更不要让他们认好些在那个年龄根本不懂又用不着的字。读一点讲字的绘本，只要孩子喜欢是可以的，只是现在市场上具有启发性且适合低龄儿童的课外读物还不是很多。有些老师在课堂上也有时乱讲字理。这些都说明汉字知识的普及度还不是很够。家长应当知道，孩子语言发展得越快越好，除了发展语言能力，还要用正确的方法培养孩子对汉字的兴趣，这样到了上小学的时候，他就能很积极地识字和写字。我自己是师范大学的老师，我们对于小学、中学教育，是负有责任的，我们应当做好汉字与汉字教育的普及工作。作为家长和老师，都应当存储更多的汉字科学原理，随时准备和你的孩子和学生对话。千万不要让孩子死记硬背，不要要求他上学之前认识2500个字，更不要随便罚孩子一个汉字写一百遍，弄得孩子痛恨汉字。让他健康、活泼地度过童年。大家可同意我的看法？

问：王教授您好，我想问一个问题，现在基础教育，尤其低年级的，比如一到三年级的小孩子，学校为了弘扬中华传统文化，一年级去背《弟子规》。小孩子压根儿不认识这些字，也不明白那些内容，我觉得这么做对汉字理解也有一点偏差，您怎么看这个问题？

答：这个问题，我说说自己的看法。《弟子规》是一种既教孩子认字，又给孩子讲规矩的读物，我们叫童蒙读本。估计在座的有同意的，有不同意的。我个人认为背《弟子规》压根儿就没必要，一直是坚决反对的。

我们现在要培养什么样的孩子？一定要有时代性。孩子是属于未来的，《弟子规》上规定儿童怎么坐、怎么站等等，讲究的都是封建时代的礼数，不论是审美价值还是为人处世的规矩，从总体上都和现代不同。再说，即使作为识字的童蒙读本，那种语言也不是现代的语言，文字也不是现代的常用字。这里我要向大家介绍几个数字：古代的童蒙识字读本简称"三百千"

(《三字经》《百家姓》《千字文》），三者一共有2708个字，不重复的字数是1462个。按字频统计，它们的前100个字和现代汉语前100个字，只有47个是一样的，一多半都不一样。《弟子规》也离不开这个范围。可见用这些陈旧的材料来做现代识字教学的基础材料是不合适的。继承传统不是复古，对少年儿童更要注意时代，适应社会发展。

第二讲

世界上唯一没有中断的表意文字——汉字的性质与特点

第一讲，我们讲了汉字的起源问题，介绍了汉字创制的规律、它的产生时间以及原始的状态。今天这一讲，我想要讲的问题是，汉字的性质和特点是什么。汉字是世界上唯一的没有中断过的表意文字体系，把握汉字的性质，是我们走进汉字世界的重要环节。

探讨这个命题，我们要思考三个问题。

第一个问题是，世界上有各种各样的文字，它们丰富多彩、特点各异。和这些文字相比，汉字是一种什么样的文字？它又有怎样的特点？这是我们认识汉字时首先需要弄明白的问题。如何解答这个问题？我们需要有一个理论上的前提，那就是文字是记录语言的符号。第一讲我们说过，如果一个符号不是记录语言的，无论它有多么精彩、多么漂亮，都不能把它称为文字。只有记录了语言，有了音和义，能够连贯起来写成一句话，这个符号才能说成文字。在这个过程中，文字的形体必须和语言产生一定的联系，才能起到语言载体的作用。我们有一句比较专业的话，叫作"文字是语言的再编码"，文字实际上是口语转化为书面语时的一次再度加工。换言之，文字是记录语言的第二性符号，语言是第一性的，文字是第二性的，它要跟着语言走。明确了文字和语言的关系，我们就清楚了，判断一种文字的性质，取决于这种文字的形体与语言如何联系。这是我们分析文字性质时，首先要关注的问题。

第二个问题，文字是有自己的演变历史的，它和我们人类一样，诞生之后，是能够成长，能够变化的。在第一讲里我们谈到，汉字有着非常悠久的历史，大约有五六千年。随着考古的不断发现，也许对这个时间的估计还会更长。那么，经历了这么长时间的历史发展，沧海桑田、变化不已，汉字的性质会不会也发生了改变呢？

第三个问题，汉字中形声字已经占据了很大的比例。在形声字中，一半是表示意义的义符，一半是提示读音的声符，它在我们的生活中随处可见，你看看自己的姓名，里面可能就会有形声字。在《说文解字》小篆里，形声字就已经占到87%还要多。形声字如此重要，有人根据它的结构，就认为汉字不是表意文字，而是意音文字，既有义，又有音；而且它正在向表音文字发展，慢慢就会变成ABCD那样的东西了。这样的说法对不对呢？我们又该怎样来理解呢？是不是说在汉字中形声字占了很大比例，它就一定要向表音文字发展呢？

这三个问题，是我们今天这一讲需要解决的问题。我们知道，关于世界文字的分类，著名的语言学家索绪尔有一个很经典的说法。索绪尔把世界的文字分成两大类型，它们分别和语言的音或义相关联。语言的要素只有音和义两种，如果一种文字根据语言的意义来构造形体，那就是表意文字；如果根据语言的声音来构造，那就是表音文字。这个分类是十分精彩的，因为语言没有第三种要素了,如果排除任何分类都可能有的中间状态,因义构形与以音构形的分类就把世界上所有的文字一分为二,穷尽性地分成了两种类型。

毫无疑问,汉字属于索绪尔所说的第一种类型,它根据汉语的词义来构造自己的形体,属于典型的表意文字。当然,我们也要清楚,表意文字不是不记录音,既然文字是记录语言的符号,只有义没有音是难以想象的事情。我们判断汉字的性质,是从汉字形体的构造根据来看的,而不是说它记录的汉语没有声音。汉字具有因义构形的特点,接下来,我们看一组关于动物的古文字,来进一步理解"因义构形"的规律。

鹿	突出头上的角	馬	突出扬起的鬃
虎	突出张开的嘴	犬	突出卷起的尾
象	突出长鼻子	牛	头角向上弯
兔	突出短腿、短尾	羊	头角向下弯

这些字都是独体的象形字,第一个字是"鹿",这个字不难认,但我们要思考一个很有意思的问题:先民造"鹿"这样一些字的时候是怎样的一种心态?这个字是如何造出来的?哺乳动物一般都是四条腿、一个脑袋加一条尾巴。如果是照片的话,我们一眼就能够认出是什么动物,可一旦符号化了,就很难辨认,这就需要在造字时突出动物的特点。你看甲骨文中的鹿字,突出的是伸长而出的鹿角。牛也有角、羊也有角,但那种像树枝一样的、非常美丽的角,只有鹿才有。第二个字是"虎",这个字要竖着看,它突出了老虎的獠牙,充分展现出老虎的凶狠

和霸气。第三个字是"象",突出了大象的长鼻子。第四个字是"兔",突出了兔子的短腿、短尾巴。第五个字是"马",这个字需要突出什么呢?马是一种善于奔跑的动物,当它奔逸绝尘的时候,脖子后面的鬃毛是飞扬起来的。在这个字中,扬起的马鬃是最鲜明的特征,让我们一眼就能认出它来。第六个字是"犬",犬的尾巴是卷起来的,你要是家里养过狗,对这个形象一定很熟悉。最后两个字是"牛"与"羊",它们只画脑袋,以角相区别:牛角向上弯曲,羊角向下弯曲,这和牛、羊的形象也是高度一致的。

首先,从这八个表示动物的字上,我们能看到什么样的规律呢?第一讲时我们说过,欧洲有一些文字在起源时,经过一个文字画的过程,文字画还没有与语言的某一个单位固定结合,所以并不是文字,只是用图画来传递信息。开始时有些近似绘画艺术的作用,靠的是它的直观性和情节描述形象性,绘形越细致,给予对方的信息量越大也越准确,越能沟通信息的发出者与接收者。表意汉字没有经过文字画的阶段,至少我们现在还没有发现考古的证据,证明汉字字符是从一个整体的图画中拆分出来的。早期汉字是单独的图像和刻符,直接根据物象构形。这是为什么呢?我想,这和汉语的单音节特点有关,一个词(语素)就是一个意义、一个读音,因此字形较为简约。在这些字形上,体现不出声音的信息,我们是认识了它是老虎,然后才说它念"虎"[hǔ];先看到大象的长鼻子,知道它记录的是"象"这个词,然后才能念出象的音。这些字都是"因义构形"的,根据汉语的词义构造自己的形体。

其次,这些字都已经是文字了。尽管这些字形惟妙惟肖,酷似动物的形体样态,但它们是文字而不是图画。为什么这么说呢?因为这些字形已经能够书写、记录汉语了,它们或者来自甲骨卜辞，或者来自青铜器上的铭文，都有自己的语境。有了语境，记录了语言，就一定是文字。

最后，这些字都已经是成熟的符号系统了。为什么说甲骨文、金文已经是一种成熟的符号系统呢？我们知道，文字的成熟与否，不在于它有多少符号，而在于字与字之间是否具有明显的区别度和关联度。字符和字符之间一定要有区别，这是非常重要的。有了区别，就能分清一个字记录的是哪个词，不容易混淆。区别程度的大小，叫区别度，区别度应当足够。有些字在楷书里区别度很小，不容易分清。例如："自己"的"己"[jǐ]、"辰巳午未"的"巳"[sì]、"已经"的"已"[yǐ]，区别度太小，所以老师们就会经常对学生说："己"是不封口的、"巳"是封口的，"已"是半封口的。要提醒大家注意这些细微的区别。仅仅有区别度，没有关联度，也没法构成符号体系。什么是关联度？我们在识字的时候，都会经历"通过字来认字"的阶段，比如材料的"材"字，左边是"木"，右边是"才"，两个合在一起是"材"。"木""才""材"三个字就有了关联，相互关联的程度叫关联度。文字之间必须有所关联，才能形成系统。在甲骨文已经识别的字符中，是有区别度的，也是有关联度的，已经形成了汉字的系统。这说明它经过了长时期的历史积淀，并且经过了人为的整理，已经是一种比较成熟的汉字了。甲骨文的整理者，很可能就是当时的史官。

看完了独体的象形字之后，我们再看用已有的汉字，根据自身的意义拼合成新字的例子。我们以《说文解字》中的小篆为例，小篆也叫秦篆，它是秦代经过李斯规范的字体。请看下面六个小篆：

第一个字的左边是"木",很好认;右边的字形是"斤",斤在古代是斧头的形象。在上一讲,我们介绍过这个字,一个木加上一个斧头,用斧劈木,能拼出什么字来呢?分析的"析",这个字是由意义拼合而来,没有声符。

第二个字,鹿加上土,能拼出什么字?是繁体字的"塵",简化字就是尘土的"尘"。请注意,在小篆里面"塵"不是一个鹿,而是三个鹿加上一个土。为什么用鹿来表示尘土呢?鹿是一种优雅的动物,跑起来十分轻盈;同时它是群居的,往往是一群一群地奔跑着;鹿是驯兽,而且浑身都是宝,人不但愿意追逐而且敢于追逐。"逐鹿"后来成为一个典故,有一部讲战争的小说就叫《逐鹿中原》。为什么是"逐鹿"而不是"逐虎""逐熊"呢?老虎和熊不是驯兽,它回过头来就该"逐人"了。我们看到,鹿是驯兽,成群结队地跑,步伐轻快,所以扬起来的才是尘土;如果是老虎或者大狗熊的话,它扬起来的肯定不是细小的尘土。当然,从尘的这个繁体字中,我们也能看到今天简化字的好处。小篆中的"塵"笔画太烦琐了,你要让一个小孩在田字格中,写上三个鹿,再加上一个土,不出格才怪呢!而简化字中的写法就很好,小土为尘。

再看第三个字,上面是"大",下面是"火"。大加上火就是小篆中的"赤"。赤是火焰之色,中国古代的正色也就是火燃烧正旺的时候火苗的颜色，因此字从大、火。后来，上面"大"字的一撇一捺拉直了，变成一个土，就成了现在的字形。

第四个字大家可能不熟悉，它由三个字形组成：首先是"厂"，你可能认为这是工厂的"厂"，但在小篆里，和"廠"是两个字，读为hǎn，它是崖岸的形象，也就是河流侧面山岩的形象。山岩下两个相同的字我们应该能认出来，是两个禾苗的"禾"，表示均匀生长的庄稼。再下面呢？是停止的"止"，其实是人的脚。这四个字作了部件，拼合起来，构成了什么字呢？是繁体字"歷（历）史"的"歷"，"歷"为什么由这四个字形组成呢？我们知道，中国的地形是"两山之间必有川焉"，如果有一个侧面的山崖，下面一定是河水。在水边上，就能够种植庄稼。在古人的观念中，庄稼是一种均匀生长的植物，和野草不同。在一个有水的崖岸下，田地里种满了庄稼，一只脚从这里走过去，这是一种什么样的状态呀？一步步走过去，这就是经历，而历史，正是一年一年、一月一月、一日一日地均匀走过。你看，"歷"这个字造得多么科学，体现出我们祖先的智慧。①

第五个字是舂米的"舂"。上面第一个字是中午的"午"，这个形体是"杵"的本字。下面"廾"——左边一只手，右边一只手，两手相对，这个字在小篆里应该读gǒng，两手作揖是"廾"，两手去拿东西也是"廾"。这个字在楷书中变成了一横两点，或者是一横两竖。我们举两个例子，士兵的"兵"，上面是一个"斤"，就是战士手中的武器，下面是两只手拿着。还有"弄"，"弄"是拿玉在手上把玩，上面是一块玉，下面是

---

① 关于"歷"字，有一点要说明：《说文解字》为了减少不是字的部件，给一些还不能单独使用的部件也注了音。在《说文解字》里，"秝，稀疏适秝也。"读lì，这实际上是根据"厤"字给它注的音。这样一来，就使得"歷"字似乎有了音，成为形声字。但是根据这个字造字的意图看，还是意义的拼合，而且具有文化内涵，所以放在这组字里分析。

两只手。这些部件都是"収"的变体，它们在现代汉字中已经不再单独使用，而是用来组成其他的字形。在"収"的下面是"臼"，这是用来捣米的容器，现在广西一带还在使用。我们看这三个字拼合起来正是舂米的形象——两只手拿着舂米的杵，在臼里面舂米，十分生动。

最后一个字我们前一讲中曾提到，"解"，用刀把牛角从牛的身上解剖下来。

讲解了这六个汉字，我们可以进一步体会到汉字是表意文字。它根据意义造字，把已经有的字按照意义拼合起来，再造出新的汉字。在汉字的原始积累阶段，古人对意义是非常敏感的。可以说，对于意义的高度重视与细致把握，是中国文化一个很重要的特点。

汉字的表意性是绵延不绝的。汉字的发展可以分成两大阶段：第一个阶段叫"古文字"，古文字是由线条构成的。小篆是秦代规范过的文字，是古文字的最后阶段。在秦代，不仅使用小篆，同时也通行隶书。在小篆之后，汉字发生了隶变，出现了后来的隶书和今天的楷书，这就是汉字的第二个阶段——"今文字"。今文字是由笔画写成的，有了笔画之后，汉字的象形性很难保持，因为象形性必须通过圆转的线条才能表达。但是，汉字还是不是表意文字呢？我们可以毫不犹豫地说，是。即使是今文字阶段，我们在汉字的构造中，仍然可以见到因义构形的特征。从今文字上溯到古文字，不但组成汉字的构件是图形性的意义符号，构件合成的缘由也是它的意义。小篆和隶书、楷书，特别是现代楷书，都是一脉相承的，无论是从古文字发展到今文字，还是从今文字追溯至古文字，汉字的表意特性一直都没有发生变化。

汉字的表意性也为我们解答了汉字为什么是方块字的问题。

汉字和英语不同，英语的字符是线性排列的，而汉字在一个二维空间中记录一个词。汉字的这种特点，和它的性质密不可分。表意文字从一开始就是因义构形的，它要把物象摹画出来，从描绘物象开始积累符号。任何事物都有空间，老虎也罢、兔子也罢，如果想把立体的事物平面化，它一定是两维度的。单个的形体是两维度，两个形体、三个形体拼在一起，还是两维度的。因此，一个字无论怎么演变，它都处在两维的平面上，呈现出方块的样子。

方块字是汉字的优越性所在，因为是两维度的方块，它有很多办法来体现字与字之间的区别。我们先举一个例子：

東　杲　杳　　東　杲　杳

上面三个字左边是小篆，右边是楷书，可以看出，两种字体结构是一样的，都是由"日"和"木"组成的。日是太阳，太阳的位置不同，就构成了不同的字。太阳在木头的中间，就是繁体字中东方的"東"，古人用太阳从林中升起的形象，表示东方。"日"放在了"木"的上面，就是杲杲出日的"杲"，表示太阳升起之后的无限光明。放在了"木"的下面，就是杳渺的"杳"，太阳沉入大地，什么都看不清楚了。我们看到，在方块字的两维空间中，汉字的构件通过相对位置的变化，展现出不同的字义，体现出充分的区别度。除此之外，比起线性构造，方块字还使文本的长度减少。据说，在联合国六种语言的文件中，用汉字书写的汉语文本总是最薄的。这些都是方块结构的优越性。

接下来，我们讨论一个很重要的问题，也是大家在谈到汉字性质的时候感到很纠结的问题：形声字算不算表意文字？

在汉字中，形声字太重要了！形声化是汉字发展的一种趋势,在甲骨文中,形声字大概占到了23%,到了小篆和秦隶中,形声字已经占到了87%左右。在现代汉字中,无论是我们使用的现代楷书,还是印刷古籍时的传承字形,形声字都已经接近90%了。形声字一半是义符,一半是声符,数量又非常多,因此有人说汉字是意音文字。我们认为,即使考虑到形声字的问题,汉字也不是意音文字,而是表意文字!

为什么这么说呢?要知道,我们判断一种文字的性质,不是一个一个字去看的,而是要分析它的构形体系。在感觉上,你会觉得形声字是一半音、一半义拼起来的,但是如果你理解了形声字的产生过程,就会清楚,它其实是表意文字系统中的一类字。在本质上,形声字也是因义构形的。即使是它的声符,也是先因义构形,记录了汉语,有了声音,才利用声音来作字形的区别因素。接下来,我们给大家介绍形声字的三种历史来源:强化形声字、分化形声字和类化形声字。

先看强化形声字,我们给大家看三个例子:

第一个字是星星的"星"。在甲骨文中,开始时用三个圈表示星,星星的字形必须和日、月相区别:太阳是圆的,月亮是缺的,星星的特征是众多,因此画三个圈表示。但问题是,三个圈可以表示的事物太多了,可以是三块石头、三个果子、三个拳头……谁说它一定就是星星呢?那么,为了和其他的事物相区别,古人就在字形下面加了一个声符"生"——在古音中,"星"和"生"的读音是一样的。由于强化了字音,"星"和其他圆形的物体区分开来,也就具备了简化义符的可能。在小篆中,星还是从三个日,后来简化成一个日,也不会认错,这都是"生"的标音功能在起作用。

第二个字是凤凰的凤,繁体字写作"鳳"。凤凰是古代的神鸟,它的样子有点像我们今天的孔雀,头上戴冠,拖着漂亮的长尾。尽管如此,凤凰和其他鸟类的区别也不是很容易分清。因此,古人在凤凰的上面添加了一个声符"凡"来标示字音。在后来的字形里,"鳳"有了声符"凡",义符变成了"鸟",是不是像凤凰已经不重要了。第三个字是鸡,我们之前讲过,它原来画的是鸡的形状,然后在旁边添加了声符"奚"。

这三个字有着共同的特点:它们原来都是象形字,带有鲜明的图画性。但由于汉字毕竟不是绘画,而是文字符号,简化以后,象形性一旦弱化,可辨认的概率就小了。因此,用增加声符的方式来强化象形字,原来的象形字随即转化为形符。由于增加的不是意义信息,与汉字的表意特性不符,这种造字模式很快就没有能产量,不再用来构字了。

在强化形声字里,还有另外一种现象。我们再看两个字:

④ 〔图〕 ⑤ 〔图〕

第一个字是蜀国的"蜀",古代四川地区称为蜀,为什么呢?蜀国有一个先祖叫蚕丛,他是养蚕的专家,而"蜀"这个字最开始就是蚕的象形。上像虫首,下面是蜷曲的身子。但这个字的区别性还是不强,因此在蜷曲的构形中,又添加了一个虫字,强化了它的意义信息。

第二个字是祭祀的"祭",最早的字形是一只手,杀牲祭祀,把血滴在盆里,古代确有以血祭祀的方式,这个字描绘的就是这种形象。但是后来还是觉得表意不够充分,就在下面添加了表示祭祀的"示",信息量更大了。

这种强化意义信息的现象，也属于"强化形声字"。我们看到，这种强化形声字不是两两拼合而成，而是在一个字的基础上，添加义符而成；它有一个主体，就是最初表意的象形字，随着后来的形体加入，它才转化为声符的。这种增加意义信息的强化形声字，正是汉字顽强坚持表意性的表现，这种结构的途径后来有较多的发展。

再看分化形声字，有些形声字是汉字分化的结果。包括三种类型：

1．借义分化。我们看两个例子：

采——采摘——採摘……採
采——色采——色彩……彩
采——理采——理睬……睬

"采"，上面是一个爪，下面是木。这个字是一只手在树上采摘的形象。在汉字构形系统中，同样的事物出现在字形中的不同位置，写法往往会不一样：手写在上面是爪（采、孚），写在下面是又（支、殳）或整个的手（拿、摩），写在两边也是整个的手（掰），写在左边则是提手（打、扣），它还可以产生变体（看、拜）。通过写法的不断变化，让字形有所区别也更为美观。"采"的本义是用手采摘，后来人们想要造彩色的"彩"字，但颜色怎么造字呢？太难了！于是就借用"采"字来记录彩色的"彩"，在早期文献中，"彩色"就写成"采色"。在用字过程中，二者难免混淆，是去摘果子呢？还是色彩绚丽呢？闹不清楚！于是，就在"采"旁边添加了"彡"，用来表示有纹理、有文采的意思。又为采摘的"采"添加了提手作"採"，表示手的动作，两个字就彻底区分开了。之后再造"理睬"的

"眯",也经过借"采"为音的阶段,后来加"目"为意义信息而有了本字。在借用汉字的时候,借的是它的声音,但由于汉字是表意体系,这种办法总会觉得不妥当,于是再添加表意的符号,让借字有了明显的意义信息。

再看一个例子:辟。这个字在古代很常用,先看它的古文字字形:

（甲骨文）　（商代金文）　（战国金文）　（甲骨文）

（西周金文）　（战国金文）　（秦隶）　（小篆）

在古文字里,它有两个形体,第一个形体(上面第一行),右边是一种行刑的工具,左边是一个受刑的人。第二个形体(上面第二行),中间多了一个"口"形,有人认为是一个装饰符号,《说文解字》将这个形体具体化为"用法者"。不论哪个形体,本义都可解释为刑法。在古代文献中,"辟"的声音被借用来表示各种意义:偏僻的"僻"、譬喻的"譬"、完璧归赵的"璧"、躲避的"避"、癖好的"癖",都可以写成它,一字多用,难以区分。如果在缺乏语言环境的情况下,我们不知道"辟"的意思是偏僻,是打比方,是玉璧,是藏起来了,还是有某种爱好……为了区别,最终一一添加了意义符号,加以分化——偏僻是在人群的边上、边缘化,就添加了人字旁;譬喻是说的话,就添加了言字旁;璧是玉器,就添加了玉字旁;躲避是行走的动作,就添加了"辶";癖好是一种病态的习惯,就添加了"疒"。在不同的历史时期,"辟"的不同借义被分化开来,"僻""譬""璧""避""癖"等字分别成为相应意义的后出本字：

$$辟——偏辟——偏僻……僻$$
$$辟——辟喻——譬喻……譬$$
$$辟——辟环——璧环……璧$$
$$辟——躲辟——躲避……避$$
$$辟——辟好——癖好……癖$$

我们看到，形声字的声符不是随便拼合而来的，而是在添加了意义符号之后，由原来的符号转化而成的。换言之，形声字是在汉字不断强化表意性、添加意义信息的过程中得以不断增加的。

2. 广义分化。我们看两个例子：

$$介——界、紒$$
$$和——盉、龢$$

"介"有推介、介绍的词义，介绍人也就是中间人，因此又有中间界限的意义。在它上面添加一个"田"，就把界限的意义分化出来了。再添加一个绞丝旁，又分化出紒扣的"紒"字，紒扣是古代衣服缝上的扣子，也有边界的内涵。如果没有分化，"介"所表示的意义十分宽泛，在添加了不同的表义构件之后，"界""紒"的意义指向就更为具体了。

"和"泛指平和、和谐的状态。它可以通过改变表义构件进行分化，"口"变成"皿"，构成"盉"，是古代的调酒器，与调味中的和谐有关；"口"变成"龠"，构成"龢"，是和乐，即音乐的声音和谐。形声字声符的来源，是原来的字形在添加、改变了意义符号之后，转化而来的。

3. 引义分化。例如：

止——趾、址
窄——榨
化——讹

"止"的本义是"脚"，在甲骨文中，这个字就是脚的象形。脚是站立的地方，由站立不动引申出"停止"之义。脚和停止的意思不易区分，便添加足字旁作"趾"，成为记录"脚"义的后出本字。源字反而记录"停止"义，站住的地方，就是你的地址所在，又添加土字旁作"址"，表示"地点"之义。在汉字的发展过程中，当字记录的词引申出新的意义时，往往在因义构形规律的影响下，添加或改变表义构件分化出另外的字形。这样的现象还有很多，比如"窄"是空间狭小，如果用石头压一个东西的话，它的空间就会不断变小。所以榨菜的得名是因为它要用大石头压去水分。榨菜的"榨"是从"窄"分化出来的，添加了一个木字旁。还有一些很有意思的分化现象，比如变化的"化"，在小篆中是一个正立的人和一个倒立的人，人颠倒过来，就是变化。但如果加上一个言字旁，就变成了"讹"。"讹"是错误的意思，变化怎么会发展为错误呢？其实这反映出中国人非常传统的一种价值观念，就是凡事以自然为好，变化太大、脱离自然，就变成错的了。

最后，我们看类化形声字。这里有一组例子：

甲骨文									
金文									
小篆									
释文	祭	祀	福	祖	祠	祝	社	祈	礼

这些都是与祭祀有关的字，第一行是甲骨文、第二行是金文、第三行是小篆。先来认一认这九个古文字：第一个字是祭祀的"祭"，第二个是"祀"，第三个是"福"，古人认为"福"源自天神赐福，因此也与祭祀有关，下面是祖宗的"祖"，祠堂的"祠"，祝贺的"祝"和社会的"社"，古代把祭祀土地神的地方称为"社"，最后是祈祷的"祈"和礼仪的"礼"。

我们从"示"的形声字系统的形成看，它在甲骨文中尚未全面形成，除了"祭"有从"示"与不从"示"的两种形体之外，只有祀、祝两个字中有"示"这个部件，福、祖、祈、礼都还没有示旁。到了今文中，示部的字已经渐成系统，小篆的示部字进一步完善，福、祖、祈、礼等字与其他和祭祀有关的字都因为它们的意义类别类推而加上了义符"示"。这个类化的过程，是一种自组织的现象，它没有经过人为的规范，而是源自汉字表意规律的自然推动。

了解了形声字的三种来源和类型，我们看到，形声字不是义符和声符的简单拼加，而是原来有一个字，为了让它的表意信息更为丰富、清晰，添加了一个符号来表示它的意义，原有的形体随之转化为声符。形声字是在不断增加意义信息、分化新词从而产生新字的动态中产生、发展的。在这个角度上，形声字不是意音文字，而是表意文字。它是表意文字系统中最具生命力、用处最多的一种汉字构造类型。有了形声字之后，任何一个造字符号既可以充当义符，也可以充当声符，具有了双重功能。以"口"为例，用它作义符的字非常多，吃、喝、吟、唱、鸣、叫，各种和嘴有关的字都从口。与此同时，它也能作声符，叩问的叩、扣子的扣，都是从口得声的。一个"口"字，具有了双重的造字功能。因此，汉字符号就非常经济，它可以在符号较少的情况下，拼出大量汉字，体现出旺盛的生命力！

在形声字的部件中，无论是形符、义符还是声符，就其自身而言，都是因义构形的。形声字的声符和拼音文字的标音字母不同，ABCD是有音无义的，字母可以记录读音，但并不能表达意义；不懂英语的人看到一个英文生词，可以根据它由哪些字母组成而拼出读音，但从字面上了解词义却是做不到的。形声字的声符则不然，很多声符由义符转化而来，不能准确标音。在生活中，我们经常会笑话那些"念半边字"而读错字音的人。为什么会出现这种声符与字音不符的现象呢？在形声字初创的时候，声符和整字的读音基本上是一致的。但随着语音的古今差异与南北地域的不同，声符和整字的读音开始产生差异，声符可以提示读音，但没有引读的作用。那么，声符的作用是什么呢？它是字符之间互相区别的要素。以"木部"的字为例，汉字中有很多从木字旁的字，但它们声符不同，因此也就把这些字区分开来了。总之，形声字的构字部件本身是表意字，它是为了增加字符的意义信息而产生的构形模式。在产生之后，形声字的表意功能更加系统。它当然是表意文字的一种类型，而不是表音文字。

在介绍了汉字的性质之后，我们总结一下汉字的特点：第一，汉字是表意文字；第二，汉字是音节文字，一个字是一个音节，记录一个意义；第三，汉字是从古到今没有间断的文字，而且是方块字，可以在两维度中进行构形。那么，是什么决定了汉字的这些特点呢？

首先，汉字是因记录汉语的需要而产生、发展的，汉语的特性决定了汉字的特点。汉语是注重意义的词根语，汉字的两维度构形基本上是一形一义的，非常适合汉语的词汇。

其次，汉字是自源文字，它在中华民族的本土上产生，负载着中华民族悠久的历史文化。汉字的书写载体不断改进，书写工具不断发达，它连续地、不间断地发展着，在性质上没有本质变化。比如我们讲意义的"意"，上面是音，下面是心。如果我们放弃两维度的构造，把每个笔画、每个构件拆开，像英文那样线性排列，我们还能认识它吗？两维度的汉字结构，是十分节约、高效的构字模式，它在中国人的文化心理中，根深蒂固地存在着。由于汉字的自源属性，在这种两维度的表意文字中，蕴含着深厚的文化内涵。我们举一个很有趣的例子："独"和"群"。单独的"独"为什么从犬，群体的"群"为什么从羊？你想一想放牧的状态就知道了，一定是一只牧羊犬照看一群羊啊！汉字是中国历史文化的载体，这一点，我们在后面还会专门讲解。总之，汉字符合汉语的特点，它是自源文字，负载着中华民族深厚的历史文化。汉字的特点，就是这样产生的。

最后，我们还要思考一个问题，汉字为什么没有中断、一直延续至今呢？我想，应该有四方面的原因：

首先，作为中华文化载体的汉字，是被各民族共同保护着的，它一直发扬光大，直到今天。汉字是以汉族为主体的文字，但没有哪一个少数民族不是在保护汉字的。元代、清代的统治者都不是汉族，但他们都很好地保护了汉字。哪怕是魏晋南北朝时期，很多边疆上的少数民族对汉字也有所贡献。我想，这是汉字能够一直发扬光大的第一个原因。

其次，载体的笨重，是很多古老文字消失的直接原因。载体是文字书写的媒介，我们之前介绍过圣书文字、苏美尔楔形文字，它们都写在巨大的泥块上。这种载体传递十分不便，我想要给你写一封信，从东单寄到西单，都要由很多人来搬运。而汉字的载体则不断改进，日益轻便、合理。甲骨文刻在龟甲、兽骨上，金文铸造在铜器上，到了简牍出现之后，用皮条穿着竹简，一卷一卷地卷起来，已经有了很大的进步；但还是不够便利，于是把文字写在轻便的丝帛上，后来更发明了经济实惠的纸张。适合于载体的改进，汉字的书写工具也在不断改进，从软笔到硬笔，从毛笔到钢笔、铅笔，再到今天的计算机输入，汉字的书写效率一直在不断提高。在书写载体和书写工具的演进过程中，凝聚着中国人高度的智慧，这是汉字发扬光大的第二个原因。

再次，如果文字被少数人所垄断，它就很难做到绵延不息。但汉字很早就走向民间，在崇敬仓颉、敬惜字纸的氛围里成长演化。中国民间崇敬仓颉，对字非常尊敬。在我小的时候，家里还到处贴着纸条——"敬惜字纸"，一张纸上要是写了字，就要加以重视，不能随便乱扔。"敬惜字纸"的实质是什么？就是对汉字的珍惜！文字如果被贵族垄断，便会趋于繁杂，逐渐丧失社会的应用价值。而汉字是很难遂了统治者的意完全被垄断的，在我们今天的碑刻文献中，有帝王御制的碑刻，有历代文人书写的碑刻，还有大量的老百姓书写的、带有实用性的碑刻。比如水利碑，就是老百姓对于水利资源分配的合约，把它刻到碑上，作为契约。在中国历史上，广大人民使用汉字、保护汉字、敬重汉字，这是汉字发扬光大的第三个原因。

最后，汉字是非常美的一种文字，它由图画文字演变而来，基本上保持着两维度的构形模式，因此很容易被美化为艺术。汉字的书法艺术是中国文化的瑰宝，无论是书法家的挥毫泼墨，还是民间的精美剪纸，都为人间增添了无限情趣。很多不朽的书法作品，伴随着汉字的历史，一直走向现代。这是汉字发扬光大的第四个原因。

我想，就是这四个原因，让汉字一直为我们掌握、为我们服务，几千年来从未中断。汉字的生命力与悠久历程，在世界历史上独一无二，它是中华民族智慧的结晶，是中华文化的瑰宝，同时也是属于世界文化的宝贵财富！汉字的性质与特点，是在数千年的发展中形成、演进和巩固的。这些特点不但没有妨碍我们进入信息社会，反而胜利地让汉字进入了计算机。与此同时，汉字的表意性又非常方便地把久远的历史遗迹向我们传送。越是了解它，就越会重视它、热爱它，也就会好好学习它、维护它。汉字是需要维护的，我们有时候对孩子说，你不要乱写字，要认真地写字，但说多少遍他都不太理解。这时候，你要认真地告诉他，你笔下的汉字已经传承了几千年了，它是中华民族独有的瑰宝，我们需要维护它，让它更好地发展。当唤起了这种民族文化的自豪感之后，我们无论是在教育、舆论还是娱乐中，都会尊重汉字、珍视汉字、维护汉字，这就是我向大家讲述汉字的性质和特点的初衷。

现场问答

问：您讲到简化字，我理解这是为了便利汉字书写、传承的一个手段。但我觉得在繁体字的形体中，保留了一些与传统文化有更加密切关联的信息。如果是这样，我们为什么没有把繁体字更好地延续下来？

答：下面我们会有专门一讲来谈简化字和繁体字的问题，现在简要地回答一下这个问题。咱们中国有多少人？在抗日战争时候，我们有4.5亿人，抗日战争胜利以后我们有6亿人，现在中国人口要超过13亿。汉字是要传衍的，传衍的目的是要让大家都能使用它。在20世纪初的时候，汉字已经变得非常杂乱、繁复，我们要想让老百姓接受教育，掌握文化，这么复杂的字显然已经不便于使用。以"塵（尘）土"的"塵"为例，小篆曾经写三个"鹿"，一个"土"，如果你把它写一遍的话，就会切身体会到汉字的繁难，因此，我们是需要对汉字进行简化的，这是文化普及、大众教育的必然需求。至于简化字的来源以及简化方式等问题，我们在下面讲座中会专门进行讲解。

这里要强调的是，国家对文字的规范，是分了两方面来进行的：一方面，在古籍整理层面，我们保留了传承字。2013年，国务院发布了《通用规范汉字表》，表中共有8105个字，除了两千多个简化字外，其余的传承字与繁体字并无区别；现在我们正在研制古籍用字的规范，古籍用字没有简化字，全部是传承字。另一方面，在社会用字的层面，我们推行了简化字。我们之所以分两条路走，也是考虑到文化传承和大众普及的多元需求。

有很多国家很小，人口相对也少，在语言文字规范上就比较好处理。但中国的情况比较复杂，如果要想让大众都能够学习汉字，就必须要经过一定的简化。必须承认，汉字在简化的过程中的确出现了一些问题，但这些我们也在慢慢地改。所以，我们现在所谓的"繁体字"，指与简化字有对应关系的两千多个繁体字，其余的汉字并无所谓繁体、简化之分：比如"分析"的"析"，简、繁都是一个字；在8105个字里面，只有两千多个字是有简有繁的。

问：王老师，您好！现在网络上有一些新造的字，比如说"囧"，或者前一阵子比较流行的duang之类的。您一直在强调汉字的规范，我想知道，您认为这样的字对于汉字规范是否造成影响？或者说，我们是否可以将其看成是汉字继续葆有旺盛生命力的一种表现？谢谢。

答：这是网络用字的问题。说到网络，它是一把双刃剑。大概在座的人，不会都认为互联网是完美无缺、无懈可击的，它的确有很多的副作用。但是我们已经进入信息化时代，互联网与每个人的生活已密不可分。因此，也要辩证地看待网络用字的问题。

一方面，文字的发展受语言各个方面发展的影响，随着汉语词汇的不断发展，汉字也就会随之而发展。发展出来的现象慢慢有了生命力，就可能得到社会的公认。就像刚刚您说的一样，它会促进汉字的发展，进而形成一个新的用字领域。另一方面，网络用字也会冲击、扰乱我们的文化。比如"囧"字，我们本来就有一个"窘"字，是"窘迫"之义，而且恰好与"囧"同音。"囧"所以会有"窘"义，是因为它字形确实很有意思：它像一个方脸，两个八字眉眼，再加一个嘴，样子很窘。把"囧"字用做"窘"，在网络或娱乐的情境中无可厚非，但如果我们不用本有的"窘"字,将来在正式的写作中,比如在写作文时都用这个"囧",恐怕是行不通的。在汉字系统中本有"窘"字,我们不去使用,就会扰乱既有的汉字与汉语词汇之间的音义对应关系。

因此,用字要看不同的场合与目的。如果我们在朋友圈的网络上,给自己的网友传递信息,把"什么"变成"神马",产生一点幽默诙谐的趣味,大家觉得高兴轻松,也没必要大惊小怪。但如果是跟外国大使去谈判,你给他写个"神马",恐怕就不行。许多网络上的大众用字现象,硬性用规范去约束禁止实际上很难做到,不妨碍大局,让大家去用就是了,但到了正式的公文和孩子们的语言文字学习中,我们肯定不赞成将"什么"变成"神马",把"窘"变成"囧",这是违背社会规范与文明约束的。

在国家的文字规范和社会用字的自由度之间,有一个相辅相成的关系。硬要把网络用字一笔一画都进行规范,我们做不到,也没有必要。相反,在文化发展过程中,要给大家一定的用字自由度。与此同时,在正式场合和书面语的环境下,我们也要有一定的规范。没有规范,会影响信息传递的信度和速度。什么叫信度?传得准。什么叫速度?传得快。在今天这样一个计算机带来的信息化时代,信度与速度显得尤为重要。

从这个现象,我们又可以延伸出一个人名用字的问题。有人说我就愿意起个谁都不认识的字当名字,那是跟自己过不去。假如你到医院看病,人家不认识这个字,也不知道它的读音是什么,最终只能给自己造成麻烦。人名是让别人叫的,不是给自己叫的,人名用字也是社会用字。类似这些地方,为了自己生活的便利和社会的发展,我们还是提倡大家用规范字。生活中偶尔开个小玩笑,幽默一下,虽然可以,但是太乱了我们也要管一管。曾经有个老师跟我说，我们的学生用"火星文"写作文。我说，你怎么办？他说我没同意！我说你没同意就对了。总之，汉字用字要和不同的场合相匹配，要规范，也要有一定的开放度。

问：王老师您好，我们成年人对汉字感兴趣，现在想自学一些汉字知识，您能否给我们推荐一下比较好的字典。另外，能否给我们推荐一些适合我们这个年龄段的读物，以及面向儿童的关于汉字的故事书，或者一些刊物？

答：这个问题，我就要稍微做一点转嫁。我们现在是在国家图书馆举办讲座，所以这个工作就要请他们来给我们帮忙，多给我们介绍一些适应于不同年龄段和不同目的的工具书。我们也希望他们能够多做一些工作，促使一些更好的、适合我们的图书面市。

我赞成大家阅读一些普及性著作，从而多了解一些汉字知识。一方面，我们有教育下一代的任务，另一方面，我们可以通过了解传统文化的精华，提高自己的文化素养。我们现在也在做一些讲解汉字的动画和讲解字理的词典，我想大概两三年之内，这样的资源就会又多又好地涌现出来。现在关于汉字知识的图书数量不少，但总体上质量不高。

有时候，看一些不科学的汉字讲解，很容易被误导。我经常举一个例子，有些人讲"饿"字，什么叫饿？他说"饿"是从"我"从"食"，所以它的构意是：因为我饿，所以我吃。可如果在课堂上老师这么讲，学生就会类推："蛾"就是"我的虫"，"俄"就是"我的人"，"鹅"就是"我的鸟"……这样类推下去，是非常荒唐的。类似的内容，就出现在现在的一些讲汉字的书中，也包括一些报纸上的文章，写得真叫人哭笑不得。

所以，我们给大家讲解汉字，也是希望大家能够正确地认识汉字，深入地了解汉字，分辨社会上各种说法的正误。

问：王老师您好，想跟您请教一下，刚才您说到汉字的字音也是在不断地变化。所以我就在想，比如日语，"孩子"的"子"，用音读，应该是从我们这边传过去的。但是饺子，他说ギョーザ（giyouza），就读［za］，子孙的时候就读しそん（shison），就是读［shi］。这种读音的不同，我想可能是由于这些词语是在不同的朝代传过去造成的。

对于这样的字音，我们从哪里去查它是怎么转过去的呢？还有，您讲到"星星"的"星"，原来跟"生"是一个音，当时它是读什么音？是读"星"还是读"生"，还是读第三个音？诸如这样的现象，我们普通人怎么了解？又如石鼓文里面有"吾车既工，吾马既同"，像这样的诗句，如果我们现在普通人来读的话，会读"车"［chē］，但车在象棋里面又读车［jū］。我很好奇，像这样的字，它是在哪个时间点上开始发生变化与古音不同了呢？我们在朗读这些文献的时候，是不是应该读古音呢？比如刚才的石鼓文，我们该读［ché］呢，还是［jū］呢？另外，我还想请教您，如果我想知道古音的一些问题，您有没有相应的工具书推荐给我们，谢谢您。

答：她的问题有好几层，咱们一个一个地说。

第一个是日语的读音，我刚刚讲到，汉字是自源文字，记录日语用的汉字叫"借源文字"，或者叫"他源文字"。他们借用了我们的汉字，来记录自己的语言。借的方法有两种：一种是用我们的字读它的音，只借音而与意义无关；还一种就是把我们的音和义一起都借过去，这叫借词。借词的音也有两种，吴音和汉音，这是不同时代和地域汉语词的读音。因此，日本的文字现象，也可以作为我们理解汉字的借鉴；但是，日本汉字传衍和使用的规律，和我们用自己的自源汉字还是很不同的。我们探讨汉语汉字的规律，还是要立足自己的语言文字。

第二，字音的确是随着时代而发展变化的，不同时代有不同的语音体系，而研究汉语历史语音的学问就是"音韵学"。在古书里面的字，上古的时候怎么读，中古的时候怎么读，这是有专门的学问的。现在，这门学问已经慢慢地变成"绝学"，了解它的人越来越少了。因为古代没有记音工具，汉字又不表音，所以想要知道古音就分外困难。我们能从反切、直音、韵书、形声字、押韵以及一些古代训诂材料里面，去考察一个字在古代的读音。目前也有一些利用已有研究成果编制的工具书，如《上古音手册》和《古今音对照手册》，你可以利用这些资料。但是，对于古音的构拟多数情况只是一种假说，更多地反映出古代音韵之间的关系，实际的音值是不是这样，有时候很难确证。

另外，方言中的读音是古代不同声音的叠置，也能在一定程度上反映古音。语音的发展是不平衡的，各个时代的语音不同程度地保留在不同的方言之中。像广东话中有一些方音，就与古音很接近。它有入声，现在普通话里没有了；它有闭口韵，就是后头收[-m]，"三"念[sam]，后面收[-m]，在中古音、上古音中都有这种韵部，但是今天没有了。在吴语区，也就是浙江和江苏南部，也保存了入声的读音。我家乡话说"吃饭"的"吃"就是入声。这些方言都在一定程度上保留了古音，因此，可以通过方言来看古音的面貌。要查方音，可以参照各种方言词典。但我们也要知道，音韵学是一门专业性很强的学问，需要花费大量的时间进行学习。

第三个问题，就是我们今天读古诗文应该读什么音的问题。

如果完全读古音，就会使诗词学习很繁难，甚至这些诗词都很难再流传下来。比如刚刚讲的"车"，应该读什么？"车"在下象棋的时候，不能读车[chē]，你说"出车"[chē]，人家会笑话你，一定要说"出车"[jū]。在《释名》中有记载，"车"是可以读"居"[jū]的，另外"车"还可以读"舍"[shè]。

再比如说"北风卷地白草折，胡天八月即飞雪"，"折"和"雪"现在不押韵，古音二字都是入声，念入声则押韵。但是为了诗词的传承，恐怕也不能提倡大家去读古音。但是有一些音你稍微改一改就押上了，那也是可以的。比如说《离骚》的前几句："帝高阳之苗裔兮，朕皇考曰伯庸；摄提贞于孟陬兮，唯庚寅吾以降。"就押不上，如果你读"唯庚寅吾以降[hóng]"，就押上了。在这样的地方稍加改动，让大家体会到中国诗词的韵律，我觉得也无妨。但是提倡读古音恐怕不合适，而且现代的韵律押不上的少，押得上的多。我想处理这个问题的时候，咱们可以辩证一点来看待这个问题。

最关键的问题是，在课堂上教师如何教学。到了课堂上可能比较麻烦，如果学生问你，说这个剥削念[bōxiāo]行不行？你肯定说不行，不能念剥削[bōxiāo]，但他说我削[xiāo]皮行不行？这时就不是一定要念削[xuē]了，叫削[xiāo]皮也可以。这就是"文白异读"的现象。"削"字可以读[xuē]，是古代的入声，转到北方音时经常有这种现象。面对这种情况，如果老师们愿意学生开放，那你就说都能读，因为都没错。如果怕他考试丢分，就给他规定一个标准读音。标准读音根据什么呢？词典。我现在也只能给大家出这个主意。

现在，我们的基础教育正在改革，大概上海和浙江在试点高考改革，将来这样的一些知识，恐怕就不会让大家去背了，应当有所改善。在教科书上肯定都有一个标准，但我个人认为开放一点也没关系。学生要是把我削［xiāo］梨说成削［xuē］梨，你也不能说他错，因为原本这个字就可以读削［xuē］。"剥削"这个词书面语意味重一些，一般采用文读，"削"读xue。像这些问题，我想我们采取一种比较潇洒的心态，会好一些。

问：王老师我说两句，刚才您讲的问题，我觉得属于异读的问题。我想，还是应该走规范化的道路比较合适，因为国务院有两期《异读字审音表》。在《异读字审音表》中，对于刚才那位听众所讲的问题，和您谈到的问题都有明确的划分。哪个字在不同的场景中应该读什么音，有比较详细的规定。我觉得，教育系统应该从小学开始，把《异读表》和《现代汉语常用字表》作为必学的教材，这样就能更好地规范汉字的读音。另外，刚才这位问您哪一部字典比较好，我想推荐第十版大字本的《新华字典》。这部字典的优点在于，把几种不同的检字法都统一到一起了，非常方便。你如果说知道音，不知道这个字怎么写，你可以通过音序表来查。如果说我看到一个字了，不知道读什么音，可以通过四角号码检字表来查，或者说我不懂得汉语拼音怎么查，可以根据偏旁、部首和笔画来查字典。我觉得是《新华字典》的一个进步，以前《新华字典》没有这么全面地把这种检字法综合到一起。

答：我们可以吸收他的意见。《普通话异读字审音表》原来是有规定的，现在的教材的读音，以及《现代汉语词典》《新华字典》基本上就是按照这个文件来的。一般来说，都没有问题。但《异读字审音表》也正在修订，修订完了是什么样，现在还不得而知。现在就遵照这个标准，选择不了的情况就按照规范执行。但是就一般的人来说，如果不是学校里面的学生，作为自己的一种欣赏，这样做也无妨。因为你要知道，古代有一些音确实是可以两读的。

问：王老师，我再问一个问题。我们今天既然来这里听您讲汉字，都有把汉字学好的想法，请问您有没有一些小方法，帮助我们在工作和学习中培养一些好习惯，从而更好地掌握和使用汉字呢？

答：学习汉字应该从3500个常用字开始，我想这一点大家都是清楚的。在使用汉字时，如果偶尔想不起来一个字应该怎么写，那就要去查字典。换句话说，汉字的学习是一个积累的过程，勤查勤练，在使用中不断积累相关的知识。如果说具体方法的话，我的答案是各有各的方法。

无论什么方法，都离不开勤查勤练。不怕用错字，就怕很多人对于汉字的问题不在意。其实你只要在意了，就会培养起良好的用字习惯，一般也就不会出什么问题。因此，重视汉字的观念应该是最重要的。不懂的地方可以查字典，而且要选择一部比较权威的字典。刚刚那位先生推荐了《新华字典》第十版，就十分不错。《新华字典》和《现代汉语词典》都是我们国家作为规范用的辞书，除此之外，只要遵循规范的辞书，也值得参考。

问：王宁老师，您今天提到一个"两条腿走路"的问题。但我觉得，对中国的文化传承来说面临一个实际问题，现在读大学的人越来越多了，要学习的内容也越来越多，而每个人精力有限。那么，他要花多长时间才能把繁体字学好、用好，又同时把简体字也学好、用好，学生是否能够完成这两方面的任务？

答：繁体字不需要大家都去学。繁体字的学习是一件专业层面的事情。什么人必须学习繁体字呢？是大学中文、历史专业的学生，在阅读典籍的时候，必须掌握繁体字，否则不能深入地理解我们民族的典籍文化。对社会应用而言，无论什么领域，简化字都是足够我们使用的。即使是浅显的文言文，用简化字来印，也不会产生太大的问题。因此，我们还是要提倡，在社会普及的层面上，用好简化字、用好规范字是第一位的。在现实应用层面上，简化字完全够我们使用。但是知道一点繁体字，是有助于提高我们的文化素养的。

问：您好，王老师！刚才您在课里面提到，文字分为表意文字、表音文字两种类型。随着社会的逐步发展，不同语言之间的交流速度越来越快，比如现在英文里有很多中文的因素，中文里也有很多英文的因素。我想请问您，将来有没有可能将不同的语言文字融汇成一种新的语言文字？如果是那样的话，我们也就没有必要再学外语了，谢谢！

答：我想这个肯定不行。大家知道有一种语言就叫"世界语"，还有一些其他相似类型的语言文字。"世界语"是什么？就是想让全世界共同来学习、使用一种语言。但现在"世界语"已经变成了一种专业的语言知识，并不能在现实的语言生活中得到实际运用。

语言和文字是有民族性的，要让世界上不同的语言都能够相互交流，恐怕还是要通过翻译以及学习第二语言的方法。学习语言，也就能达到交流的目的。有人说交流久了，大家岂不是都说一样的话了吗？实则不然。不用说国外，我们交流了多少年，全国的方言不还是不能统一为普通话？国家推广普通话，是为了方便不同方言的交流，但大家在家乡还在说本地方言，而且我们也不主张把方言消灭掉，因为语言在发展过程中，它会携带着自己的文化信息。保留不同的语言或方言，会促使文化朝多元化的方向发展,从而形成世界文化共同繁荣的局面。

因此,你的预想是不太容易实现的。我们的语言确实有局部和个别因接触而融合的一些现象,但是要到什么时候,我们大家会使用同一种语言,那应该是不可预知的。即使有那一天,恐怕也要等到相当长的时间之后了。

第三讲

从甲骨文到楷书——汉字的字体演变

汉字的起源大约在5000—6000年之前，随着考古资料的不断发现，起源的时间可能推前，也可能延后。但就我们所见到的、系统的文字而言，还是要从甲骨文说起。在今天这一讲，我们以甲骨文为起点，介绍汉字字体的演变历程。

观察汉字，要从字形结构和字体风格两个方面着手。从汉字的识读和使用看，字形结构至为重要；而从汉字的历史发展、考证辨识和书写特点看，字体风格的分析也是必须顾及的。在汉字的发展过程中，有的字没有发生形体变化，比如我们熟悉的"日""月"。但有些字却发生了巨大的变化。就个体而言，这是汉字字形结构的变化；就总体而言，汉字的字体风格也在发生历史演变。我们说的字体，指的是汉字在社会长期书写过程中，经过演变形成的相对固定的式样特征和体态风格的大类别。字体风格的变化受到了文字载体、书写工具还有社会文化发展的影响。我们讲汉字的发展史，一般要从殷商甲骨文讲起，一直说到我们今天使用的楷书。楷书是现代社会的实用字体，在计算机中，宋、仿、楷、黑四种主用字体都属于楷书。从殷商甲骨文到现代楷书，经历了3400多年的变化。在这漫长的历史时期中，汉字的式样特征和体态风格有过哪些类别？它们又是如何发展的？这是我们研究汉字历史时需要特别关注的问题。

甲骨文是我们能够见到的最早的、成系统的文字。它的发现是中国文字学史上的重大事件，一般认为，甲骨文是在清光绪二十五年（1899）由王懿荣发现的，他是当时的国子监祭酒，这是一个相当于今天大学校长的职务，学术地位很高。同时，他也是一个金石学家与古董收藏家。

王懿荣

他在中药龙骨上发现了甲骨文，从这时开始，甲骨文开始走进汉字学、历史学研究者的视野。研究认为，甲骨文出土于河南安阳西北五里的小屯，这是商代晚期的都城所在地，学界把它称为殷墟。从1928年开始到1937年，考古学家对殷墟进行了科学考古，15次科学发掘共得到甲骨24918片。直到日寇入侵，殷墟考古才被迫中断。从1950年开始，学者们又进行了二十多次的考古发掘，发现了小屯南地甲骨和陕西岐山、扶风两地的周原甲骨。这说明，甲骨文不仅殷商时期有，西周也有。

在甲骨片的发掘过程中，产生了成就很高的甲骨学研究。在大规模的科学考古之前，刘鹗的《铁云藏龟》是最先著录甲骨文的著作，孙诒让的《契文举例》是最早考释甲骨文的著作。我们还应该知道著名的"甲骨四堂"，就是罗振玉，号雪堂；王国维，号观堂；董作宾，号彦堂；郭沫若，字鼎堂。这四个人的字号里都有"堂"，因此称为"四堂"。他们的著作是我们研究甲骨文的基础。

从内容上看，殷商甲骨文分为记事类刻辞和占卜类卜辞两种，前者是对一些历史事件的记载，后者则是对占卜的记载。殷商时期的占卜文化十分发达，大事小事都要提前占卜，把占卜的事件、预测、结果刻在甲骨上，就成了蔚为大观的占卜类

甲骨文合集第6057正（照片）

甲骨文合集第6057正（拓片）

甲骨文合集第6057正（释文）

卜辞。根据董作宾先生的研究，商代甲骨可以分为五期，不同时期的文字在风格上差别还是相当大的。我们给大家看一张卜辞的图片，第一张是照片，第二张是拓片，第三张是释文，这实际上就是甲骨文释读的一个过程。这片甲骨文著录在《甲骨文合集》第6057正，属于第一期的卜辞，也就是著名的商王武丁时期的卜辞，它的字体较大，风格雄健整饬，瘦劲有力。

接下来，我们给大家介绍一下甲骨文的字形特点。现在已经统计出来的甲骨文，大概有四千多字，能够释读、知道它的音和义的，大概有一千一百多字。这些甲骨文大多带有浓厚的图形的味道，请看：

盥　印（抑）　监　祝　祭

第一个字是盥洗的"盥"，盥是洗手的意思，我们今天还有盥洗室的称谓。这个字下面是一个皿，就是洗手的盆，盆里面是一只手和水滴在一起，形象地显示出古人洗手的样子，手接着浇下的水冲洗，水流在下面的器皿里。第二个字是印章的"印"，现在这个字有图章、印刷的意思，在古代它的本义就是压抑的"抑"，在这个字形里，下面是跪坐的人形，上面有一只手往下按，看上去就是被压抑的样子。用手按人的脑袋，和从上往下盖印章的动作差不多，因此它后来引申出印章之义。第三个字是"监（監）"，字形是一个人，突出了他的眼睛，从上往下看盆中的水。古代最早的镜子是用水来照自己的样子，所以"监（監）"

其实就是"鉴（鑑）"的本字，是照镜子的意思。第四个字是"祝"，是人对着神主开口祈祷的样子。所谓祝祷，就是人和神灵的通话，祈求神灵保护自己。最后一个字是"祭"，一只手杀牲祭祀，把血滴在盆里，象古代的血祭。

在甲骨文中，独体象形字和合体象形字的数量很多。甲骨文主要是刻在龟甲和牛的肩胛骨上，由于刻写的载体坚硬，写出的线条呈现出古朴平直的特点。尽管如此，甲骨文的图形性仍然很强。我们之前讲过，汉字创制的方式是"近取诸身，远取诸物"，通过描摹人体的不同部位，以及人类熟悉的外在自然事物来进行造字。以"近取诸身"为例，甲骨文中有相当一部分取象于人体的独体象形字：

口　首　爪　止　身　又　目　眉

第一个字是"口"，象嘴之形。第二个字是"首"，象头之形。第三个字是"爪"，手自上下覆为爪。第四个字是"止"，是脚趾的象形，为"趾"的本字；脚和"停止"是引申关系，脚站在这儿不动，人就停止不前了。第五个字是"身"，古代的"身"指的是怀孕，因此画了一个腹部很大的人形。第六个字是"又"，"又"就是手，为了文字书写便利，把五根手指简化为三根。下面两个字比较好认，一个是"目"，一个是"眉"。"眉"是在"目"的基础上，增添表示眉毛的表形符号，这是一个由多个形象拼合出的合体象形字。合体象形字用多个物象相拼合的方式来表示事物，它保持着与事物相同的、原有的形态和关系；以"眉"为例，眉毛一定是在眼睛上方的。

在甲骨文中，也有一些形声字，但数量确实很少，大概占已释字的22%，而且它的形声系统还很不完善。我们看一些形声字的例子：

（禾声）　（桑声）　（门声）　（隹声）　（屯声）　（至声）

第一个字是"穌"，从"禾"得声。第二个字是丧事的"丧"，从口，古代的丧礼专门有哀哭的仪式，一方面寄托哀思，一方面用哭声大小的不同，体现与死者远近亲疏的不同关系。口的旁边是桑树的"桑"，作为声符。第三个字是"问"，从口，从门得声。第四个字是"唯"，口旁边是"隹"。古代长尾巴的鸟称为鸟，短尾巴的鸟称为隹，隹和唯没有意义上的关联，是声符。第五个字是春天的"春"，从"屯"得声，"屯"就是刚刚生发出来的小苗。第六个字是"室"，"宀"表示房屋，"至"是它的声符。

关于甲骨文，还有两方面的特点。由于甲骨文的字数较少，无法全面记录汉语的词义，因此，它的假借字很多。什么是假借字呢？就是用一个字音相同或相近的字，来记录另外的一个字。在甲骨文中，存在着大量的用一个形体兼记录多个词的情况，这为甲骨文的释读带来了很大的难度。另外，甲骨文的书写带有随意性，同一个字往往有不同的写法，以"酉"为例：

"酉"是"酒"的本字，是一个酒坛子的形象，在不同的甲骨片中，它的写法各有不同。我们把这种记录同一个词，构形构意

相同而仅在写法上有差异的字,称为异写字。在甲骨文中,异写字很多是一个普遍的现象。

介绍了甲骨文之后,我们再给大家介绍另外一种重要的古文字,那就是金文。金文是铸刻在青铜器上的一种文字,现在可见的金文起于商代。青铜是铜和锡、铅的合金,它在人类历史上具有重要意义,它的发明与使用,奠定了人类文明史上著名的青铜时代。金文主要铸刻在钟鼎之上,钟是古代的乐器,同时也是祭祀的祭器,古代的音乐不仅是艺术欣赏之用,还具有礼的功能。钟同时也是古代度量衡中的体积标准。古人把中等大小的米粒放在钟里,所包含的体积就称为"一钟"。鼎是食器,更是礼器,鼎在古代也是地位的象征,可以奖励重臣,或者是作为分封的标志。钟鼎的地位极其重要,因此古人用"钟鸣鼎食"来形容贵族的地位与生活。金文主要铸刻在钟鼎之上,因此也被称为钟鼎文。

金文的文本称为铭文,它多为一篇一篇的完整记载,其内容是关于当时祀典、赐命、诏书、征战、围猎、盟约的记录,充分反映出当时的历史事件与社会生活。所谓"国之大事,在祀与戎",这两方面的历史事件,构成了金文中最主要的内容。金文的发现远远早于甲骨文,在《汉书》中,有西汉时期的"小学"家张敞释读金文的记载。许慎在《说文解字·叙》中也提到他见到了郡国于山川得到的鼎彝,上面的铭文即前代之古文。《说文解字》虽然是东汉之作,但其中也吸收了一些金文的字形——这都是汉代学者研究金文的记载。到了宋代,传统的金石之学日益兴盛——金是钟鼎文,石是碑刻文字,古代的金石学家也收集、整理和考释过金文。我们看到,金文的研究历史是非常悠久的。到了20世纪,随着科学考古学的发展,

西周中后期的史墙盘(恭王时期)

春秋晚期齐侯盂
春秋时期齐侯盂铭文拓片（释文：齐侯作媵子仲姜宝盂，其眉寿万年，永保其身，子子孙孙永保用之）

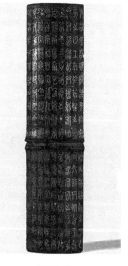

鄂君启节

全国各地出土了很多带铭文的铜器，金文研究也随之有了更大的进展。

从我们能见到的金文材料来看，它的时间长，地域广，字体风格也更为多样。在时间上，殷商时期就已经出现金文，经历殷商、西周、春秋，直到战国时期还有十分重要的金文文献。在地域上，东到齐鲁，南到楚越，西到青海，北到燕赵，都有金文出土。在字体上，金文风格多样，已经释读出来的大约有三千个，也多于甲骨文。

金文铸刻在青铜器上，非常漂亮！它的字体整齐华丽，古朴厚重，体现出中华民族的自信心。和用刀刻画出来的甲骨文相比，金文脱去板滞，变化多样，在艺术风格上更为丰富了。我们给大家看几篇经典的金文。

第一件是西周成王时的利簋，旁边是它的铭文拓片。"簋"是食具，利簋是成王时的青铜器，它的形状敦实厚重，上面的字也非常漂亮。

第二件是西周中后期的史墙盘，这是恭王时期的青铜器。

第三件是春秋晚期的齐侯盂，盂是装水的盆，齐国的金文在形体上已经拉长了。

第四件是战国时楚国的鄂君启节，"启"是鄂君的名字，"节"是符节，是当时车马船只的通行证，鄂君启节的样式非常精美，体现出高超的工艺水平。

我们看到，不同时期、不同地域的金文风格不同，周代金文雄浑大气，齐系金文书体高长，楚系金文柔美浑圆，展现出不同风格金文的艺术魅力。

西周成王时利簋及其铭文

史墙盘铭文拓片

第三讲 从甲骨文到楷书

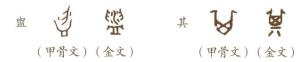

如果把金文和甲骨文进行比较的话，金文所承载的信息量更为丰富。同样是盥洗的"盥"，甲骨文是一只手在盆上，旁边是水滴的象形。金文则变成了两只手，中间的"水"也已经成字。同样是簸箕的古字"其"，甲骨文是一只簸箕的象形，金文的簸箕下面又增加了一个架子。相比之下，金文的构形更加详尽，信息也更加丰富，组成字形的部件也渐渐从图形义化为成字了。

录（禄）　畐（福）　福　祭　祀　祐　祠

战国中晚期郭店楚简《老子》

除此之外，金文的形声系统已经开始形成。上面的这一组字，都和祭祀、福禄有关。在金文中，批量地添加了示旁。"示"的本义是祭祀时的神主，作为形声字的义符，表示和祭祀、神灵有关的字义。形声字的形成，是汉字系统的一个大发展。在这些金文中，我们也看到了鲜明的地域差异，但这些地域的区别主要在书写风格上，其构形结构基本上是统一的。也就是说，文字异形并没有发展成不同的文字体系。

从殷商到周朝，汉字的发展已经相当成熟。到了战国时期，有大量书写在竹简上的文字为我们所见。以战国中晚期的郭店楚简为例，1993年10月发现于湖北省荆门市郭店村，一号楚墓（M1）出土竹简804枚，其中有字简730枚，共计一万三千多字。楚简包含多种古籍，主要是儒道两家的著作，我们给大家展示的是楚简《老子》。郭店楚简的文字是典型的楚国文字，具有楚系文字的特点，字体典雅、婉转、秀丽，它为中国先秦思想史、古文字学等领域的研究，提供了宝贵的资料。

在战国文字中，秦系文字也十分重要。比如我们熟知的石鼓文。它因刻石外形似鼓而得名。石鼓文在唐初就已发现，一共十枚，上面刻有用大篆书写的四言诗，一共十首，我们这里看到的是第六鼓。石鼓文的字体上承西周今文，下启秦代小篆，十分优美！它的笔力端庄凝重，字体圆融浑厚，线条匀称合宜，体现出高超的书法魅力和艺术创造力。石鼓文是由大篆向小篆演变的过渡性字体。

秦代石鼓（第六鼓《作原篇》）

说起汉字字体的演变，都要把汉字字体的发展分成两个大段：一个是古文字阶段，以小篆作为其终点；一个是今文字阶段，以隶书作为其起点。古文字阶段汉字的总体特点是，字形用线条勾画，还没有形成笔画。我们看那些刻画、铸刻出的古文字，字形浑然一体，看不到笔顺，也数不出笔画。哪怕是《说文解字》中经过规范的小篆，也只能数一数有多少线条，还是无法确定笔画数。在古文字阶段，汉字的图画性很强，即使后来日益淡化，但仍不同程度地保存着。

今文字阶段已经形成了笔画，逐渐有了笔形、笔数，在隶书中已经可以数出笔画数，和小篆的风格有了明显的区别。与此同时，今文字的图画性也不再明显，图案性渐渐增强。在古文字向今文字转变的过程中，小篆和古隶是这两个阶段的过渡带。通过对汉字史的考察，我们能看到汉字从半篆半隶的古隶，慢慢地变成了完全的隶书，这也就是汉字史上重要的"隶变"现象。

石鼓文拓片（第六鼓《作原篇》）

峄山刻石

我们先从小篆的形成开始说：

大篆发展为小篆，是李斯等人在大篆的基础上"或颇省改"，进行加工、改易后的秦代标准字体。李斯用篆体书写了《仓颉篇》，一共3300个字，是秦代文字规范的标准文本。秦代小篆被东汉许慎当成标准字体，保存在《说文解字》一书中。

《说文解字》是我国最早的一部十分重要的字书，这部字书收集了9353个正篆，加上1163个重文。一共10516个字形。主要是小篆，其他还有和小篆形体不同的"籀文"和"古文"。许慎对这些汉字进行了形音义的分析。根据《说文解字·叙》，小篆是秦统一以后用以规范文字、解决"书同文"问题的一种专用字体。李斯策划的识字读本《仓颉篇》的3300个字就是它的原始材料。但是，现在出土的《仓颉篇》竹简，都是用隶书写的，没有见到小篆的原形。能够让我们一睹小篆原貌的是峄山刻石，传说那就是李斯写的，把上面的字和《说文解字》小篆对照，几乎没有多大区别。《说文解字》的古文，据王国维考证，是战国时其他六国文字中与小篆不同，又具有讲解五经意义的形体。现代考证证实，很多与楚系文字的结构相同，说明许慎是从形义统一的原则出发的，也说明战国"文字异形"主要是风格不同，并没有超出中华文字的特征。大家看下面《包山楚简》可以感觉到。籀文是为显示国威，将钟鼎文的文字加以整理，由于在周朝晚期史籀作的《史籀篇》中收藏有223个字，所以称籀文。唐朝时出土的石鼓文，据考证是描写周宣王打猎时的情境，时间大约在秦襄公时。推测和《史籀篇》中文字相似，是目前可见最接近籀文的代表。

《说文解字》是一部对汉字有深刻认识的汉字学专书，它对汉字字理的讲解有很高的权威性，既能帮助我们理解现代汉字，又是通向古文字的桥梁，所以，近代国学大师黄侃先生认为

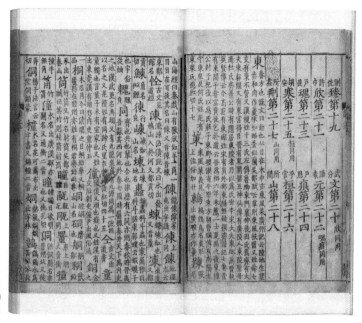

[宋]陈彭年等撰：《广韵》五卷，宋绍兴（1131—1162）刻本，国家图书馆藏

《说文解字》是一部"重中之重"的文字学专书。文字学家姜亮夫在《古文字学》一书中说："汉字的一切规律，全部表现在小篆形体之中，这是自绘画文字进而为甲骨文和金文以后的最后阶段，它总结了汉字发展的全部趋向，全部规律，也体现了汉字结构的全部精神。"台湾文字学家潘重规也在《中国文字学》一书中说："治中国文字当以许书为宗，则其说有不可易者。"

《说文解字》一本书产生了一门"说文学"，对我们今天认识汉字，解析汉字，分析汉字的字理，挖掘汉字构造中的中华文化，有很直接的作用，普及"说文学"是当前急需去做的工作。

谈到汉字历史，我们一般会认为小篆出现于隶书之前。实际上，从出土文献来看，小篆和早期的隶书是同时通行的。在出土的秦代竹简中，我们见到了早期的秦代隶书。以云梦睡虎地竹简为例，它是1975年底在湖北省云梦县睡虎地秦墓中出土,又称睡虎地秦简或云梦秦简。简文为墨书秦隶,书写于战国晚期及秦始皇时期,这批竹简反映出隶变早期阶段的情况。其内容主要是秦朝时的法律制度、行政文书、医学著作以及关于吉凶时日的占书,为研究秦国的政治、法律、经济、文化、医学等方面的发展提供了珍贵资料。秦隶又称为古隶,它和我们常见的汉隶不太一样,既有篆字的风格,也有隶书的风格,可谓"半篆半隶"。我们把古隶和《说文解字》部首放在一起对照,就会看到,其中的一些构件还带有浓厚的"篆意"。

到了汉代,古隶进一步发生演变,形成了今隶,也就是我们通常说的汉隶。古隶和今隶、秦隶和汉隶都是相对而言的。我们今天能见到的比较早的汉隶,是居延汉简的文字。这是额济纳居延前汉的两块签牌,上面分别写着"建始五年四月府所下礼分算书"和"建始五年四月府所下礼算书"。

在汉代,今隶成为国家规范的标准文字,古人用这种字体抄写儒家经典,镌刻在石碑上,供天下士子摹写、参考。例如著名的《熹平石经》,为东汉熹平年间(172—178)所刻,将儒学经典《周易》《尚书》《鲁诗》《仪礼》《公羊传》《论语》《春秋》刻于碑上,建于太学。《熹平石经》早已残毁,北宋以来屡有残石出土。从出土的残片上我们看到,它的字体方平正直,中规中矩,是规范的汉隶体。又如三国时期的《三体石经》,也称《正始石经》,建于魏正始二年(241)。碑文每字皆用古文、小篆和汉隶三种字体写刻。石经刻有《尚书》

睡虎地秦简上的古隶

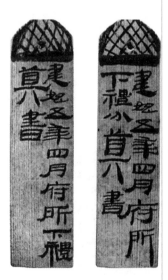

居延汉简
额济纳居延前汉签牌

第三讲 从甲骨文到楷书

熹平石经《周易》残石拓本

三体石经《尚书》残石拓本

《春秋》和部分《左传》，是继东汉《熹平石经》后建立的第二部石经。从《三体石经》的残片上，我们可以看到，当时的隶书形态规范，是通用的标准字体，但如果写快了，就出现了一种特殊的草书，称为章草。章草是和汉隶同时通行的一种草书。

隶书继续发展，就是楷书，这种字体在魏晋时期已经出现了。楷书是一种非常工整并具有很丰富的笔形的字体，实现了高度的自然美化。与隶书同时通行的快速字体有章草，与楷书同时通行的快速字体有行书和今草书。有人以为先有了正体楷书，再因快速书写而产生行书、草书，其实，楷书和行书、草书是互相影响着成熟的，通行的说法是行书如走路，草书如快跑，楷书自然就应当如稳立了。从书法而言，这三种字体到唐代已经各自有了自己的笔法和字法。可以看看颜真卿的正楷，的确给人美不胜收的感觉。

《多宝塔碑》局部

总而言之，汉字的发展历史可以概括为从线条书写的古文字阶段，向笔画书写的今文字阶段发展。发展的历史脉络大致如右边两个图示：上为古文字阶段；下为今文字阶段。

今文字字体到楷书。楷书到了现代，有了简化字，又有了计算机字体宋、仿宋、楷、黑，还有很多别体，已经跨出历史，走向现代。这一部分有个专称叫现代汉字，不在这一讲的范围内。

以上简要地介绍了汉字字体的发展历程，一个数千年不间断发展至今的文字，在发展的长河中会涌现多少丰富、有趣的文字现象，我们是可以想见的！这里我们所能讲的不过万一而已。大家希望了解得更多，可以按国家图书馆给我们开的书目去阅读。有很多历代汉字的字形表，也可以提供给我们参考。需要强调的是，我们举出的各种字形，在当时都是社会通行的实用文字，不是书法。但无论是刻在甲骨上，铸到钟上，写在竹简、帛书上，这些实用文字都是那么的优美、秀丽，它们代相传递，形成了辉煌的汉字发展历史。

关于汉字字体演变，我们先知道了许多事实，认识了一些字样，最后还要说说，对汉字字体演变，我们还需要有哪些理性的认识呢？

第一，分清字形、字体和书体是非常必要的。字形指的是每个汉字形体的结构；字体则是汉字在长期书写过程中形成的、相对固定的式样特征和体态风格的大类别、总风格。字体的发展演变主要是历时的，只有战国文字"异形"，有地域的差别。列国的差别主要表现在这些不同诸侯国的文字书写风格的差异上，所以是字体的差异，这种差异难免也有一些字的构造是不一样的，但是能够相通，仍是一种文字。千万别以为那些字都不是汉字了。说到"书体"，则是知名书法家的艺术个性所形成的风格流派，是艺术的问题，不要跟社会、历史的字体搞混了。

第二，字体形成的原因首先是受到了时代和地域文化的影响，其次是书写载体和工具演进的影响。除此之外，文字的不

古文字阶段：
- 殷商甲骨文
- 两周金文
- 战国竹简及帛书
- 秦国大篆
- 《说文解字》小篆

今文字阶段：
- 秦代古隶
- 汉代隶书
- 魏晋楷书
- 行书、草书
- 现代计算机主用字体

同用途也影响着字体的发展。刻在甲骨上的甲骨文、铸在青铜器上的金文、抄写在简帛上的战国文字，不仅是书写载体具有差异，它们的社会功能也有很大不同，这些因素都影响着汉字字体的形成。我们可以看到，汉字的用途日益广泛，它的字体也趋于多样。同时，无论字体怎么变化，汉字始终保持着自己的美观与表意性。汉字的字体风格丰富多彩，远远不止我们介绍的这几种，我们介绍的只是带有阶段标志的字体而已。

第三，汉字字体演变的界限，有时并不是泾渭分明、十分清晰。就像人的成长一样，如果看你十二岁和二十岁时的照片，差别当然很大；但陪伴你长大的父母，却未必分得清你十岁和十一岁的样子。在汉字的历史上，大篆和小篆、篆文和隶书都有同时通行的阶段，彼此之间也产生了深刻的影响，二者的界限存在一定的模糊性。我们讲字体的发展，只是要通过一种字体的典型形态来分析它们的整体差别，也很难确定字体产生的准确时间。

在汉字字体的演变中，承载着每个字形的演变，每一种字体都丰富多彩、美不胜收。我们了解古代汉字的发展并不是为了复古，而是为了更深刻地了解今天的汉字经历了多么漫长的岁月历程，负载了多么丰满的文化，让我们赞美中华民族的智慧，为之骄傲，也更为自信。

现场问答

问：王老师您好，我想站在少年儿童的角度向您请教一个问题，就是怎么样把"汉字"和"文字"这两个概念的区别和联系给孩子们讲清楚？

答："文字"是"汉字"的上位概念。文字不仅仅指汉字，任何一种语言在发展过程中，只要能书写、记录它的符号都可以称为"文字"。但是作为一个跨越古今、绵延不断的"文字学"学科，只有中国才有。这是为什么呢？我们知道，几大文明古国，或是一些大河流域的发源地的文明地带，他们有自己的古文字，但这些文字并没有延续使用下去，因此，他们只有解读已经失传了的文字的古文字学。而真正能够研究古今文字的文字学，只有中国才有。在国内我们说的汉字学、文字学，都指的是研究中国文字的学问，因此，这两个概念我们有时候会一起使用。有学生会问文字学是什么？在中国，文字学就是研究汉字的学问。

为什么英文没有文字学呢？因为它的词形只由26个字母组成，呈线性排列，作为文字的研究意义不大。如果研究字母的由来，例如A从哪来的，B从哪来的，26个字母的来源可研究的内容不多。而且它是表音文字，没有构意去分析。那么，表音文字值得研究的是什么？在表音文字记录的语系中，比如说拉丁语系，有着非常完备的"正词法"，就是词语如何正确拼写的规律。而汉字作为一种表意文字体系，经历了很长的发展时间，产生了非常复杂的现象，因此它具有研究的深度。

从历时的方面说，我们要研究一个字的发展史；从共时的方面说，我们要研究一个字的不同样式，字与字之间的关系；

还要研究这个字怎么样既书写简便,又能够相互区别,充分体现出文字中的意义信息。过去汉字有形、音、义三个要素,今天的汉字又有了两个属性:一个是用,一个是码,现代汉字要经编码才能进计算机。以上都是文字学的内容,现在有些书上写的是"文字学",有的写的是"汉字学",对我们来说是一个概念,它们研究的对象都是汉字。还有,中国的文字学还包括少数民族文字的研究。少数民族文字方面,我们其实有很多的创建,比如纳西东巴文,它基本上还处在文字画加上表意文字阶段。我们现在给很多少数民族创建的一些文字,多数都是拼音文字,但他们也有自己的民族文字。研究少数民族文字的文字学一般冠以民族的名字,例如:纳西东巴文字研究、蒙文文字学、藏文文字学……有一种文字学是研究各种文字的普遍规律的,我们把这样包括汉字在内的多种文字的研究,称作"普通文字学",或者叫"比较文字学"。但如果中文专业我们平常讲文字学概论,研究的对象一般就只是汉字。为了更严谨一些,我们更愿意把研究汉字的学科叫"汉字学"。

世界上只有汉字是延续至今的表意文字体系,而为什么只有中国的表意文字延续了下来,而没有像那些字母文字一样,发展成表音文字?这是个很值得研究的问题。事实上,不是只有中国有象形文字,世界上几个文明古国的文字也都是从象形文字演变而来的。我们今天很多古老的少数民族文字,也是从象形文字发展来的。

一般来说,学者认为文字的源头有两个。一个就是象形。在人体感官中,视觉信息最为丰富和直接,物象的区别性特征十分丰富,而且能够自我说明,所以一般文字起源于象形;另一个是契刻,契刻本身就是一些区别符号。我们前面讲汉字起源的时候,这两个源头都有所展现。

汉字为何始终没有拼音化？我们知道，从一个表意文字体系，直接自然地向拼音文字发展，世界上还没有这个先例。表意到拼音文字，都是人为改造的。但我们的汉字为什么不能改？这是因为汉字要记录汉语，汉语的特征决定了汉字的特点。汉语是一个字一个音节，我们今天的单字音节，大概1400—1500个，但这些音节对于数量庞大的汉语词汇来说，区别度是不够的，因此汉字就有了别义的作用。比如我说一个词儿，rénshì，如果只写拼音，你就不知道这是"不省人事"的"人事"，还是"何方人氏"的"人氏"，还是"爱国人士"的"人士"。

汉字有别义的作用，这是它得以长期保存、使用的重要原因。在历史上，也有学者尝试过把汉字改成拼音文字，但那样就会有很多的单音字词没法区别。大家如果用拼音输入法在计算机上打字，你输出一个音节来，有时也许要花很多时间才能找到你想用的那个字。汉字有别词的作用，这种作用是从它的表意性来的，因此，它就一直没有向表音性上发展。我们认为，世界上文字的发展实际有两个趋向：一个趋向是像汉字一样，由象形文字向表意发展，另一个趋向是向表音发展，这两种方向各有利弊。总之，中国文字能够延续下来，和我们汉语的特点有很大的关系。

问：王老师您好，我想问一下，女书这种文字现在还有吗？研究者把它破解了吗？

答：女书不是一种民族文字，它记录的是湖南的一种方言，而且它是专门为女性使用的，因此带有一种行业用字的特点。女书现在我们基本上破解了，因为那些书写女书的人现在还在。

现在有很多人研究女书这种文字，但他们的研究已经不完全是文字学角度了，还带有人类学的视角，即很多女性在一块儿，她们如何创造出一种文字来记录自己的方言？她们又是如何使女书传承、延续下来的？这种文字的存在，能够说明一种怎样的社会现象？具有什么意义？现在主要从这几个方面来观察女书。至于女书的破译，学术界已经实现了，有很多专门研究女书的专家，他们基本能够解读女书文献里面的内容。

问：王老师，谢谢您的讲座。我想提一个问题，在春秋战国时期，中国的文字应该是在钟鼎文到篆书这个发展阶段，同样一个汉字，在七国文字中的写法有很多不同，读音也有所差异。后来秦始皇统一文字，政治因素在汉字的发展过程中起到了很强的作用。但我想，政治因素是汉字发展过程中的外在因素，汉字从甲骨文到楷书的演变过程当中，肯定有一种内在的演变动力，这个动力包括哪些方面呢？

答：战国文字异形，在很多古籍上都有所记载。因为文字异形，秦始皇就"书同文"，使汉字走向统一。战国文字异形的现象十分明显，以至于不同国家的文字带有鲜明的区别特征，你一看就知道它是楚国文字，还是西方的三晋文字，是东方的齐鲁文字，还是秦系文字。其中，秦系文字延续了周朝文字的正统。

但是，如果我们仔细去研究战国文字的构形，从每个字的构形中仍可以看出，它们是同一种文字体系，区别仅存于字体风格之中。因此我们一再强调，要把字体风格和字形结构这两个概念分清。我们如果看历史记载，没有人说秦国人出使到楚国，或者孔孟家乡的人到秦国做官，要带一个随行的翻译。也没有听说，一部书传到另一个国后，还要找一个人口头翻译一下。这就说明汉字的风格虽然发生了很大的变化，但它的字形结构仍是同一个体系。可以说，汉字从来没有分裂过，无论是齐、楚、燕、韩、赵、魏、秦，汉字一直是统一的。这也是汉字能够超越方言的原因。它本身不表音，不同地域的人都可以用自己的方言去读，而在字形结构体系上并无差异。换言之，秦始皇没有那么大本事，能把七种不同的文字鼓捣成一个，变成一个"世界字"；他只是把它们统一成一种字体——李斯是用小篆字体把汉字字体统一了。

那么，为什么战国文字会出现异形呢？这里有政治原因，比如战国文字中有钱币文字，楚国的钱叫"郢爰"，如果我拿它到齐国去用，与齐国的刀币之间会存在一个"汇率"问题，就像咱们今天拿多少人民币兑换多少美元一样。钱币的价值不一样，就会在文字上体现区别。还有兵器上的文字，打仗时是用你的戈还是我的矛，这就要在符号上有所区别，否则就会分辨不清。文字异形有政治、军事方面的原因，要刻意求别。但是，它不能"求别"到无法记录汉语的程度，否则的话，即使是秦始皇，也难以做到书同文的。

文字发展还有一个动力，那就是文化背景的不同。楚国文字是南方文化背景下的产物，总体来说比较柔软，而且很细，笔画呈圆转之态；但是秦地的文字就比较浑厚，它在汹涌澎湃的黄河边上产生，和楚文字就不一样。而如果你到了文化发达、产生了众多伟大思想家的齐鲁之地，它的文字就很端正、均衡。我们看到，文字风格的产生，和每个地方的风土人情、气候生产都是有关系的。

另外，由于方言的不同，形声字的声符也不是特别统一。形声字是楚国人造的，是齐国人造的，还是秦国人造的，它的声符就会有所差别。当然，我们还是要强调，种种差别都不代表六国文字已经发展成不同的文字，秦始皇统一文字，主要是统一了文字的书写风格。

问：王宁老师您好，您讲的从甲骨文到楷书这一节非常精彩。但是我没有听您之前讲汉字起源那一章，所以不太了解。但是，还是想请教您一下关于陶文和陶符的问题。裘锡圭先生早年认为它们是早期的汉字形式，在晚年的时候又认为它们不是文字了，我想听一下您的意见。

答：这个问题上次我已经讲过，我们把陶符这样一些材料称作"前文字现象"。裘锡圭老师讲的没有矛盾，这些现象我们一般不认为是文字，因为没有看到它记录任何语言。严格地讲，学者们认为文字一定是记录了语言、有了音以后才能称为文字。

虽然文字来源于物象，但古人画一只老虎和写一个"虎"字是不同的。那个老虎的图画是没有音的，而"虎"字是和音结合的。在陶符或陶文中，它们的形体和汉字非常接近，但没有足够的证据说明，它们记录了语言。因此，我们认为这是汉字起源阶段的"前文字现象"，而不是文字本身。裘老师这种说法没有矛盾，前后是一致的。

问：王老师好，我问三个问题：第一，籀文属于哪个阶段？第二，钟鼎文是散文还是韵文，还是又有散文又有韵文？第三，"示"除了有牌位的意思，还有没有别的意思？

答：三个问题，都可以回答。

第一个是问籀文属于哪个阶段。籀文的名称源于《史籀篇》，一般也称为大篆。根据王国维先生的考证，这是周朝末期的一些文字。我们现在所见到的籀文和大篆，最典型的是石鼓文，它在小篆之前，构形又比较复杂。它应该处在从周朝末期到秦朝的时间阶段。石鼓文是典型的籀文，它已经处于秦代，"或颇省改"以后就变成小篆，这是第一个问题。

第二个问题，铭文中既有韵文也有散文。铭文中有些内容被编成一些有韵的文本，因此，有学者用它来研究上古的音韵情况；但出于记事的需要，多数的铭文是散文，这种文体便于记录封赏、征伐之事。想具体了解铭文，我们可以阅读《商周青铜器铭文选》《商周古文字读本》等带有释文的材料。

第三个问题是"示"的字源和构意的问题。我们可以看出，在图形文字或者早期的象形文字里面，它像一个牌位的样子。当时的祭祀有两种：一种是用"主"来祭祀，即找一个跟祖先长得像的人替代先人成为祭祀对象。在仪式过程中，祭"主"下面没有垫子，直接坐在地上，因为这个祭祀要穿过土地去通神。咱们今天还有一个词，叫"不肖子孙"，"不肖"就是不像，不像就做不了"主"。还有一种祭祀是用一种龛，龛里面有牌位。因此，古文字中画的两横一竖的形体，一般表示的是祭祀时用来做"示"的物品。"示"旁边的小点是酒，古代祭祀往往要洒酒。

当然，"示"字成为文字符号的时候，它的构意发展为表示祭祀本身，或与其相关的事物类别。比如，祭祀是谋福禄的，因此"示"也表示与福、祚、祥等有关的"祥瑞"的类别。当"示"变成某种事类的符号时，它的象形性就减弱甚至消失了。比如祝祷的"祝"，一开始是一个人跪在地上，张着大嘴跟祖先或神灵对话。后来"示"字变成形声字的形符了，它表示的是一种类别，而不再是一个具体的形象了。

问：王宁老师，刚才我注意到，您说甲骨文大概有一千多个文字符号，在金文时期，通过形声造字的方式，又产生了大量的文字。咱们现在的常用字大概有三千多个，是否在金文时期，常用字的规模就已经具备了呢？

答：这是个非常值得研究的问题。大家知道，我们现在可以释读的甲骨文大概有一千多个字，但它们不都是常用字。有一些字是我们利用《说文解字》或者其他传世字形，找到它们与甲骨文的对应关系才认出来的。只有明确了一个字的读音和意义，才算是释读，否则是不能说认识了这个字的。

从我们现实用字的情况看，常用字大概就是三千多个。如果我们再做一个复杂统计，《十三经》中所用的不重复的字是五千九百多个。如果以《说文解字》小篆为统计对象，小篆中用来构成其他字的独体字符，我们称之为"基础构件"，大概有四百多个，不到五百个。这些字符差不多在甲骨文和金文时期都有了。

应该说，到了甲骨文的阶段，汉字的字符体系已经趋向成熟。为什么我们说甲骨文不是起源阶段的文字？说它离汉字起源已经有几千年的历史，就是因为它的构形体系基本上已经完备了。到了两周时期，汉字的原始积累，也就是一些本身具有记录功能，而且又能用于拼合别的字的构形元素，基本上已经完成。因此我们一般认为，在金文中，汉字的构形慢慢地形成了系统。

第四讲

中华文化的基石
——汉字与中华文化的关系

在这一讲，我们介绍汉字和中华文化的关系。汉字是中华文化的基石——它既是中华文化流传和发展的载体，自身的结构中又保存着很多中华文化的信息。这一讲我们就从这两个方面举出一些实例来看看汉字和中华文化的关系。

想要了解汉字的文化内涵，首先要辨析一个概念：什么是文化？在这里，我们介绍两个定义：首先，"文化是人类在长期的历史发展中共同创造并赖以生存的物质与精神存在的总和"，这是我们在《中国文化概论》中的定义。我们把人类的创造活动合在一起，就是文化，这种创造活动一定是包括精神的和物质的。只要有人的参与，文化就一定不是纯物质的，因此也有人把文化看成一种精神活动。其次，"文化即是长时期的大群集体公共人生"，这是钱穆先生在《中国文化精神》一书中的定义。这个定义更加简洁、形象，文化就是同一个历史时代、同一个地理环境中大家共同的生活方式与生活状态。

我们知道，有了文字之后，人类的文化创造才能被记录下来。中华民族的文化，也是在有了汉字之后才被记录下来的。在汉字之前，虽然也会有古老的文化，但由于它不能被完整地记录下来，也就无法进入历史记载，没有得到充分的保留。汉字是表意文字，它不但能记录文化，在它的构形中，也蕴含了很多历代的文化信息。汉字历经数千年的发展，它是中华文化绵延不息的见证者，可以和历史记载相互印证。当我们学习汉字的时候，在惊叹造字者的创造力和想象力的同时，更能充分领略中华民族五千年历史文化的辉煌。

《四库全书》

汉字给我们留下了多少典籍？我们以《四库全书》为例进行说明。《四库全书》是中国历史上最大的丛书，由清代乾隆皇帝亲自组织编纂。1773年5月1日，《四库全书》编纂馆开馆，总纂官就是我们非常熟悉的纪昀——纪晓岚，他率领三百多位当时一流的学者进行编修工作，其中也包括了乾嘉朴学的代表人物戴震。《四库全书》包括经、史、子、集四部，一共收入3461种书目，79039卷，每部《四库全书》装订为36300册，6752函，总字数近10亿，真可谓超级文化大典。根据《四库全书》电子版统计，除去"小学"专书（也就是《尔雅》《说文解字》《广韵》这些字书韵书），《四库全书》共有690284323字，其中不重复的字数达27160字，这些字在现代大都已经进入国际编码。这是非常惊人的数字！乾隆皇帝为了存放这套卷帙浩繁的文化典籍，组织大量人力，将其抄写了七部，仿效著名藏书楼"天一阁"的建筑，建造了南北七阁。其中，"北四阁"为文渊阁、文溯阁、文源阁和文津阁，"南三阁"为文宗阁、文汇阁和文澜阁。这张图片是国家图书馆现在的古籍馆，它的前身是京师图书馆。原先藏在河北承德的文津阁《四库全书》，1913年用骆驼驮进北京，1915年由当时的京师图书馆正式接收，现在收藏在国家图书馆。国家图书馆的旧址，也就是现在的国家图书馆古籍部，在文津

国家图书馆古籍馆

第四讲 中华文化的基石

街上,这条街正是因文津阁的《四库全书》而得名。那里毗邻北海,景色优美,非常安静,我上学的时候,经常去那里读书。

《四库全书》规模浩大,但也并非传世古籍的全部。在国家图书馆,仅善本就有34万册,普通古籍有160多万册,数量更远远超过《四库全书》。我们看到,用汉字记录下来的古籍有这么多,真可谓浩如烟海——成语"浩如烟海",说的是广阔无尽的烟海是数不清的,而我们的典籍也是数不清的。

我们也由此可知,汉字在保存中国文化、保存历史上,起到了何等重要的作用。汉字是历史文化的产物,它应文化的需要而产生,并在文化洪流中演变发展。因此,我们既可以通过汉字记载的文献来了解中华历史文化,也可以通过解析汉字的结构和系统,来捕捉中华文化的精神。汉字是书写汉语的表意文字,是五六千年从未间断的、因义构形的文字系统。它是中华文化的活化石,在古老的汉字中,可以追溯中华文化的种种原生态!

首先,经过数千年的积淀,汉字深刻地反映出古人的生产文化,它把古人如何谋生,如何顺应自然、征服自然的过程充分地展现出来。如果我们把相关的汉字聚合起来,可以看出在不同时期和不同地域,有不同的生产文化类型。

在一些汉字中,我们能看到人和各种动物近距离的接触和精细的观察,这种观察反映了一个什么样的时代文化呢?这包括了较早的原始时代和后来的游牧时代。在原始时代,人与动物共生、共处,通过观察动物,人们认识到那些会对人类生活造成威胁的猛兽,也发现了一些可以和人类共存,或者适合捕猎的动物。而到了游牧时代,人们开始驯养野兽,并不断地寻求水草来养活自己的牲畜。具体来说,我们不难看出,在一些汉字的字形中,反映出古人对动物的细致观察。在第二讲里,我们曾经讲到八个动物的古文字象形字,每个字都突出它们外形的特点:"鹿"强调它枝杈般的犄角,"虎"强调张开的巨口与獠牙,"象"突出它的长鼻,"兔"突出它的短腿和短尾巴,"马"突出奔跑时飞扬飘舞的鬃毛,"狗"突出弯卷的尾巴,各有区别。牛和羊只描绘它们的头部——牛角上卷,羊角下弯,区分很明显。下面再举出几个鸟、虫的例子说明人们对动物观察的敏锐,反映不同动物区别的细致。下面记录六种动物的字("鸟、燕、它、龟"为甲骨文,"蜀、鱼"为金文)都突出了它们的外形特点,相似的地方,都尽量加以区别。

鸟　侧面,突出啄虫的嘴

燕　正面,突出飞行的两翼

它　即蛇,突出蠕动的身躯

蜀　即蚕,身躯蠕动,与蛇的外形相似,所以加"虫"以区别

龟　突出凸起的背壳

鱼　突出鱼翅和鱼尾

正是因为人类的生活与动物界有着密切的联系,才会有近距离的细致观察。

面对这么多的动物,古人在造字的时候,既能够栩栩如生地展现它们的样态,又能够有所区别、不为混淆,这又是如何做到的呢?我们知道,文字和图画是不一样的,文字要在自身的符号体系中找到与其他文字形体的区别;古人对动物之间的区别特征的准确把握,足以让我们看到,那时候的人和动物的关系非常密切。我们看从"犬"的一些字反映出人与狗怎样的关系:

猝　默　突　狱　器　独

一方面，狗在古代多为猎犬，行动迅猛，速度很快。第一个"猝"字，《说文解字》说"犬从草暴出逐人也"，说的是狗在草丛中藏着，噌一下就窜出来的样子，这也是成语"猝不及防"的含义。第二个字是"默"，沉默的"默"为什么从"犬"呢？《说文解字》有一个解释，"犬暂逐人也"，"暂"是快速的意思，狗飞快地追逐人，这是什么狗呢？这是护卫的狗，它要追赶、保护自己的主人。在主人跟前狗是不叫的，因此与"沉默"有关。下面的"突"的字义很相似，"犬从穴中暂出也"，猎狗在追逐猎物的时候，要迅速飞快地从洞中奔跑出来，也就是"突然"的意思。

一方面，狗从很早就在人们生活中担当起看门、看家的作用。下面的"狱"字，"狱"在今天指监狱，在古代是打官司的意思。打官司有原告、被告，要通过辩护来确定是非。和"狱"字有关的，还有"坐"字，也有诉讼的意思，古代有"连坐法"。"坐"是两个人对坐在土上，为什么要坐在土上？这是因为还不知道谁犯了罪，官司双方都不能坐在蓆垫上。《说文解字》解释"狱"字说，"二犬所以守也"，是用狗看着打官司的两个人，不让他们跑掉。而在"器"字中，四个口是器皿的圆口，"犬所以守之"，表示狗在看管器皿。最后，我们看"独"字。《说文解字》有一个十分形象的说解，"羊为群，犬为独也。"这是什么狗呢？是牧羊犬。大家如果见过放牧的话，就会知道，一定是一只狗管着一群羊。总之，狗在人类生活中的作用很大，它可以帮助打猎，也可以作护卫来看守，还可以放牧，在这些从犬的字中，我们可以看到狗和人类生活的密切关联。

再看由鹿组成的一些汉字，反映出鹿在人的生活中所起的特殊作用：

尘—塵　　　丽—麗

第一个字，是由三个鹿、一个土组成，这就是小篆中的"尘"字。为什么用鹿来表示尘土呢？鹿是群居动物，总是一群一群地行动。它跑步的动作十分优雅，嗒、嗒、嗒地非常轻，因此，它们扬起来的土一定是细小的尘土，所以《说文解字》说"鹿行扬土"就是尘。下一个字是繁体字的"麗"，现在简化作"丽"，去掉了下面的"鹿"。那么，"鹿"和"丽"到底是什么关系呢？在古代婚礼中，娶亲的人要去纳聘，纳聘的礼物就是鹿皮。在聘礼纳贽的时候，要将漂亮的毛色，展现给被聘的一方。此外，鹿性格温顺，两角成双，而且非常漂亮，正好象征着婚姻美满。在汉字中，"丽"加上单人旁，就是伉俪的"俪"，也能看出"鹿"象征着夫妻和美。在这些汉字中，我们能够看到在早期人类文化中，人和动物的关系极其密切。

随着原始游牧时代向农业时代的发展，人和草木的关系日益紧密。进入农耕时代，农耕文化的特点也充分地体现在汉字中。

正篆	445	421	144	87
重文	31	39	15	13
新附	13	12	5	2

在《说文解字》中，《草部》《木部》《竹部》《禾部》是表示植物的四大部首，这四个字的字形，本身就体现出古人对植物的细致观察：木有根枝，草苗向上，竹叶下伸，禾有低垂的

穗。这四个部首的辖字总数达到了1227字，约占《说文解字》总字数的12%，这是因为中原地区在秦汉时期已经进入了农耕为主的生产模式，汉字的造字取象也开始向植物发展，充分体现出植物对于古人的重要性。

在《说文解字》中，这四个部首有着较为严格的界限，说明古代对草本植物、木本植物已经有清晰的认识。竹，《说文解字》解释作"冬生草也"，可见是把它看成草本植物，而"木"则是作为木本植物的专用字。

增 笔			减 笔			重 笔	
㞢	朿	朱	巿	片	才	𣏟	森
本	末	朱	櫱	片	才	林	森

在小篆中，"木"可以直接生成不同的汉字："木"加上一笔，可以变成"本""末""朱"。加在下面是"本"，"本"的本义是树根，用一横标示出树根的位置；加在上面是"末"，"末"的本义是树木的末梢，用一横标示树梢。在中间加一横是"朱"，标示出树木的主干，如果"朱"再加上木字旁，就成了"株"——这是树木独有的量词，我们现在还经常讲一株树、两株树。

如果截去"木"上边的短竖，就是"櫱"[niè]的古字。櫱在《说文解字》中解释为"伐木余""由櫱"，指的是砍树后剩下的墩子。在今天东北的大森林里，还能看到很多锯木后的树桩。从树桩上侧生出的新芽，这就是"櫱"。把"木"从中间砍掉一半，就是"片"，表示的是木头的一半。把"木"右面去掉一笔，就是"才"，也就是"材"的古字，树木劈开后就成为木材。此外，汉字构形中，双木为林，三木为森。在汉语中，

"林"和"森"也是有区别的：林是树林，森则是树木更多、更为密集的树林，因此森有茂密之义，杜甫歌颂诸葛亮的诗《蜀相》的名句"锦官城外柏森森"，"森森"就是极其茂密的意思。

人类的生活是离不开木材的，在《说文解字·木部》中介绍了树木的各种功用。其中，树木最高的使用价值是用于建筑材料。由于中国古代的住房以土木结构为主，无论是地基、支撑，还是打板、夯墙，都离不开木头。所谓"建材贵直"，建筑房屋的木材以直为贵。而在种种建筑材料中，栋梁的价值和重要性也是最高的。在房屋结构中，栋梁指的房屋的大梁，承担了整个房屋的主结构，要选用上好的木材制成。后来，我们把能够支撑起事业、能派上大用场的人，也称为"栋梁之材"。

木材的第二种重要功用是做棺椁。古人重视棺椁，也就是《论语》所说的"慎终追远，民德归厚矣"，在以血统为纲的宗法社会中，重视丧葬，是一个很重要的观念。一个人能够善待自己的祖先，敬重并不忘记他，同时也会对后代有凝聚力。选择上好的木头制作棺椁，也是"慎终"的表现。所谓"丧材贵坚"，制造棺椁的木材要坚硬，有密度，这样才不容易腐烂。

木材的第三种重要功用是做车轮。古代没有橡胶，车轮是以木材制成的。具体的办法就是荀子所说的"輮以为轮"，即把木头一边烤，一边掰弯，经过工匠漫长而细心的制作，最终将原本直的木材，加工成圆形的车轮。因此，做车轮的木头就需要有韧性，能够达到弯曲而且还不断的标准，这就是所谓的"轮材贵韧"。

在建筑、棺椁、车轮这三种功用之外，还有不少生活的器具都是用木材的边角材料做成的。古人对木材的使用十分审慎、讲究，《孟子》中说："斧斤以时入山林，材木不可胜用也。"《周礼》中说："山虞仲冬斩阳木，仲夏斩阴木，凡服耜斩季木，以时入也。"都是在讲按照合适的时间、砍伐切合使用的树木。什么是"以时入山林"呢？古代种树，以十年为一轮，十年前种下的树木，要到十年后再去砍伐，砍完后再种上新的树木。这样每年都会有长好的树木，则"材木不可胜用"。古人对树木的砍伐是理性的，他们懂得怎样合理地开发自然，怎样爱护我们的环境。

除了各种各样的现实功用，树木还有一种特殊的作用，那就是标志作用。

甲骨文　　　　金文　　　　金文　　　　小篆

我们看这四个字，都是封建的"封"。甲骨文、金文中，封的上面是一棵树苗，下面是一团土。到了后来，右边旁边加上一个人，伸出一双手，表示培土的含义。经过分析，可以说明"封"的本义是培土植树，《左传》说"封殖此树"，就是用土来把树根埋起来。"封"由此引申出密封、封存的词义，我们今天说信封、封皮，都是要把书信、图书封存在里面的意思。在坟边种植树木，是中国古代的重要风俗。《艺文类聚》记载，"夫子坟方一里，弟子各以四方奇木来植之"，即孔子去世之后，他的弟子们用四方的珍异木材种植在孔子的坟边，寄托哀思、表达纪念。谢承《后汉书》中记载，有一个叫方储的人，父母很早就去世了，他"终日负土成坟，种奇树千株"，即每天用布袋包土，垒成坟头，在坟边种植了上千株奇树，以纪念他的父母。还有我们很熟悉的《孔雀东南飞》，焦仲卿和刘兰芝以身殉情，一个"举身赴清池"，一个"自挂东南枝"。他们去世之后，大家纪念他们，心中充满了痛惜和愧疚。因此，"两家求合葬，合葬华山傍。东西植松柏，左右种梧桐"。为什么选择松柏和梧桐这两种树木呢？松柏四季常青，特别有生命力，表示后代繁衍不息。梧桐树叶阔大，枝叶茂密，表示荫蔽自己的后代。用树木寄托对死者的哀思和对后代的祝福，是中国人很有特色的一种文化心理。

在形声字中，通过对声符的分析，也可以观察事物的名源——命名的来源。我们知道，形声字不是形符和声符的简单拼合，而是先有一个字，有一个源字，然后加上一个形符，这个根源的字就转化为声符了。因此，有一些声符，具有揭示名源的功能，保留在汉字构形中。由于形声字的声符多位于汉字结构的右侧，所以宋朝人把这种现象称为"右文"，清朝人把它称为"右音"。

在汉字研究中，通过形声字的声符探讨事物命名的来源，是一个非常有趣的课题。名源是古人观察事物的特征、确定音义结合的理据的一种方法，它是古代文化鲜活的写照。关于名源的研究，起源很早。汉代学者刘熙著有《释名》一书，在书中对人们的日常用具命名的来源作了探讨，提出许多有趣的命题。他说，面粉为什么叫"粉"呢？因为它从"分"得名，面粉的制作，是把谷物碾成粉末，是因为"分开"而得名。饼为什么叫"饼"呢？它来源于"并"，饼的制作，是在分开的粉粒中掺一点水，用水将粉搅拌合并在一起后，就能烙制成饼。桌子来源于什么？它来源于"卓"，卓越的"卓"本来是高的意思。在古人的生活环境里，和伏几而卧的案几相比，桌子相对来说是很高的器具，桌因此从"卓"得名。和席地而坐的席子相比，凳子也是高的，"登"有"上"义，所以凳子来源于"登"，说的是人凭借凳子登上了高处。椅子来源于"倚"，可以供人倚靠。这些说法，也很有启发性。

除此之外，我们还可以举出汉字中揭示名源的例子，比如说，"袖"和"轴"都来源于"抽"，从形象上来说，在袖子中，人可以将手臂穿进去、抽出来，因此袖是从"抽"得名。而车轴则是贯穿两个车毂、持轮旋转的长杆，也是车具中可以穿插抽动的部分，故也从"抽"得名。另外，"盲"和"忘"都来源于"亡"，"亡"有"丢失"之义，"盲"指的是丢掉了自己的视力，"忘"指的是丢掉了自己的记性。

在汉语名源中蕴含着古人深切的生活体验，把人们难以外化的心理状态，用一种物象的方式反映出来。下面有几个例子：(1)"砌"来源于"切"。"切"的本义，是贴着东西下刀，因此有贴切、紧挨的含义。中医把号脉也称为切脉，在望、闻、问之后，用手指紧贴着手腕，才能知道他的脉象。砌的特点也是紧挨、靠近，直到今天的水泥匠在砌墙的时候，也是将一块块砖紧挨在一起，砌成一堵墙。如果不是紧挨着的话，墙就很容易倒塌。(2)"妻"和"萋""凄"同源，都有紧密、紧切的意思，"妻子"是和你关系紧密的亲人；"萋"是草木茂密而紧贴的状态，唐诗中说，"芳草萋萋鹦鹉洲"，说的是鹦鹉洲上的芳草浓密的样子；"凄"是内心压抑、紧缩的感受，李清照的词中写道，"凄凄惨惨戚戚"，描述了心中被忧愁阻塞的状态。(3)电熨斗的"熨"和安慰的"慰"同源，在心理感受上，用熨斗在高温下把绸子熨平，和用一句温馨的话将内心烫平，具有相通的感受。(4)"荒"与"慌"同源，"荒"描述的是莽原之中难辨方向，而慌乱所要表达的混乱与无助之感，与人在荒原中相似。(5)"聪（聰）"与"葱（蔥）"也是同源的。聪明是一种通畅、通达的状态，一个人的思想开放畅达，能够听取别人的意见，也能充分表达自己的想法，这就是聪明！思想的通达无碍，和葱叶中空的状态是暗合的。

　　名源也反映了人们对事物本质的看法，既体现出人对自然的观察，也反映出自然对人的启发。比如说，教育的"教"和发酵的"酵"是同源的，为什么？"教"是传播道德和知识，发酵是发酵物慢慢地产生变化，它们的同源关系，反映出教化是自然地、逐渐地对人产生影响的，不是一种突变的强制行为。"吟"与"含"同源，在古代，"吟"和"唱"有区别，吟是从心里将声音哼出来的过程，不强调旋律，更不是高声唱和，它和"含"相似，强调是存之于心的体验。

　　我们看到，通过汉字把握事物的名源，能够看到很多内在的文化观念，这是我们走进古代思想文化独具一格的途径。但我们也必须明白，利用形声字的声符来考察名源的工作，涉及古音学、训诂学的知识，是专业的词源学工作，不能随意联系，更不能把形声字和会意字混为一谈。

　　再者，在汉字的构形和符号系统中，不但有物质文化和生产文化，还有古人丰富的精神文化。正统文献和野史记录的文化如同桥梁，把我们渡到古代历史的彼岸。而通过汉字观察文化，如同乘坐一叶小舟，在文献描述不到的地方，它可以去印证。特别是古代的观念世界和思维方法，在汉字的细致考察中，可以看到一些难得而又真切的事实。

天：　（甲骨文）（金文）（小篆）　　大：　（甲骨文）（金文）（小篆）

　　在汉字的构形中，体现出天人合一的文化观念。《说文解字》："天，颠也。至高无上，从一、大。"至高无上的"天"，古人用什么样的字形来表示呢？在甲骨文中，"天"的上面画出大的脑袋，金文延续了甲骨文形体，小篆线条化后，写作一横。王国维在《观堂集林·释天》中说："古文天字本象人形……本谓人颠顶，故象人形。……所以独坟其首者，正特著其所象之处也。"由此可见，"天"是自然的至高顶点，头是人体的至高顶点，故"天"的造字取象于头。在汉语中，人的额头称为"天庭"、人的顶骨称为"天灵盖"，亦可见在古人心目中，自然的顶端与人的头顶是同义的。在甲骨文中，"天"和"大"的构意是一样的，都取象于正面的人形，《说文解字》："大，天大、地大、人亦大，故大象人形。"体现出自然的"天"的人格化和人文世界的自然化。

在"天"的构意中，反映出中国古代天人合一的自然观。在汉语中，"天"不仅是指我们头顶的天空，它还有表示自然的含义。天赋、天性、天分，都是人的自然本性；天险、天灾、天生、天籁、天火、天敌、天险、天堑，都是自然造成的产物，与人为的一切相对。因此，天人合一的观念中，实际上蕴含了古人对人与自然的关系的思索。首先，人的修养和教育，是要遵循人性的自然规律的。《礼记·中庸》说："天命之谓性，率性之谓道，修道之为教。"所谓"天命"，不是什么神秘的东西，而是人天生的东西，即人的自然本性。教育依人性的规律施行，教育的功能是发扬人性中本有的、善的一面。其次，人的行为要接受自然规律的制约。所谓"天网恢恢，疏而不漏"，人做坏事，会受到自然规律的惩罚。还有"人算不如天算""人无回天之力"，说的都是人与自然的关系，人是可以改造自然的，但不能和自然相敌对；人为的一切或可改变，而自然的规律是难以逃脱的。

天人合一的思想，也发展出古人崇尚自然的审美观。《牡丹亭》中有一句名言，"一生爱好是天然"，中国的国画、古乐、诗词、书法，一切艺术都是崇尚自然的，不喜欢刻意地雕琢，反对造作，把"自然天成"当成最高的审美标准。人们崇敬天然，推崇大自然的品德。《礼记》说："天不爱其道，地不爱其宝，人不爱其情。"这里的"爱"是"隐藏"的意思，天地是最真实的，它们不会隐藏自己的规律和资源。孔子也说过："天何言哉！四时行焉，百物生焉，天何言哉？"上天从不夸耀自己的功德，但四季运转不息，万物茁壮成长，这都是自然的作用。大自然不夸张、不显露、不做假，真实展露，毫无隐瞒，这就是中国古人最看重的"诚"！这是中国文化原生态的审美观，也是中国道德和艺术的底气所在。

在汉字中，还能看到古人关于"和谐"的观念。"和"从禾，与它同源的"盉、咊、龢"，也从禾得声。"和"与"禾"有什么关联呢？《说文解字》："禾，嘉谷也。二月始生，八月始熟，得时之中，故谓之禾。""禾"的特点和草是相对的，草是乱长的，而禾苗则是整齐均匀的。小篆中的"齐"为"𪗉"，画三个禾苗，许慎解释说"禾麦吐穗上平也"，说的是禾苗的整齐状态。《说文解字》中有一个"秝"，解释为"稀疏适也"，麻、曆、歷都从秝，都有均匀的意思。禾苗是人为种植的，但必须得到天地、日月、空气、水土、种子、肥料等自然条件的协调，是人与自然最好的合作，也是天地之气最平衡的交流，因此，禾是和谐的代表。而"龢"是形容音乐和谐的境界。"和"是说明人和、事和，也就是社会人际关系和谐的美好状态。

在饮食、饮酒、色彩等多个方面，我们都能看到古人对和谐的追求。民以食为天，古代的饮食贵"和"。《论语》记载孔子"失饪不食"。加工过度谓之"失饪"，这样的饮食是不能吃的。汉字中有一个专门为饮食之"和"而造的字——盉，意思是"调味"。而调味的结果就是"甘"，《淮南子》："味者，甘立而五味亭矣。""亭"就是"平",五味均衡调和。《庄子》:"口彻为甘。"酸甜苦辣咸调和的结果就是甘,这是最美的味道。饮酒也贵在"和",酒能壮胆,也能乱性;酒能带来美境,也能酿成祸事;酒为礼乐所制,又能毁坏礼乐,因此,古人饮酒的时候,特别注重和谐、适度的境界。《论语》说:"唯酒无量不及乱。"这是什么意思?在《说文解字》中,记载了喝酒前后发展的过程。首先是"醒",饮酒之前是清醒的;然后是"酣,酒乐也",这是说喝酒适量达到酣畅舒服的状态;然后是"醺,醉也","醉,卒也。卒其度量不至于乱也",醉的时候醺醺然,有微微的暖意而自得,同时也是喝酒的限度。到了醺、醉的状态,就不能再喝了,"醉"字从"卒",说明这时应当停下,再不停下就要乱性了。喝酒乱性,有两种状态:一种是"酲,酒病也",所谓"酒病",就是躺在那里不能动弹,也就是俗话所说的"喝倒了"。还有一种是"酗,酒怒也",表现为喝多以后大吵大闹,失去理智。不论哪一种,喝酒最后又回归于醒,"醉解也"。这些从酉的字,展现出饮酒的全过程。喝酒要有度,醉了就要停下来,不能到酲,更不能到酗,否则就背离了和谐之道。除此之外,色彩也贵和,本色与间色搭配恰当是"和",不和称作"妖",即所谓"衣服、歌谣、草木之怪为妖"。在汉语中,一个人很好看称为美艳,而打扮不得体则称为妖艳,一褒一贬,足以看出我们对和谐的追求。

最后,我们也可以从古代的数目字中,考察汉字所蕴含的丰富的文化思想。我们把小篆十个基数数目字分成三组:(1)一、二、三、五、十;(2)四、六、八;(3)七、九,从中来看这十个字的构形特点:

一　　二　　三　　𓏢　　十

四　六　八　七　九

第一组"一、二、三、五、十"以奇数为主，古人把奇数称为阳数，把偶数称为阴数。在数字之中，"一"象征天地未分，混沌一片，这个时候宇宙尚未成形。在汉语里，"一"是最大的，"元""首"都表示第一，也就是最先、最早、最大。《说文解字》对"一"字的解释是："唯初太极，道立于一，造分天地，化成万物。"这不是对"一"作数学的解释，而是讲述一种文化思想，说明的是古人对宇宙起源的理念。后来轻者上浮、浊者下沉，造分天地，就成为"二"，"二"的字形象征着天与地形成的空间。"三"，在上下两横之间插入一横，表示人。《说文解字》说"天大，地大，人亦大"，"三"象征着天地之间有了人，就能创造万物，即所谓"三生万物"。这是一个以人为本的世界，在古代语言里，"三"就象征多数。"五"字的字形，在天地两横之间有一个×，表示阴阳交互。这与"五"居于1—9的正中有关。"五"和"午"同源，古人所说的午时，是中午十一点到下午一点，而正午就是十二点，是一天时间的中点。因此，"五"的构意在于"交午"。宇宙万物不断生成，到了"十"，纵横俱全，"数之具也"，表示万事万物的完备状态。"一、二、三、五、十"，都以横为基本笔画，辅之以竖和斜。是一种造字模式。

第二组是"四、六、八"。在小篆中，这几个字里都含有"八"这个构件。《说文解字》："八，分也"。八表示分开，如果我们对《周易》的思想比较了解，就会明白"易有太极，是生两仪，两仪生四象"的说法。四再向两边分，就成了一个六面体，所以"六"也是分出来的。每个六面体有八个角，也是分出来的，所以，偶数都是分的结果，字的构形都含一个

"八"是很容易理解的。

第三组只剩下"七、九"两个字,是两个借音字,"七"借了"切"字,"九"借了"勾"字。文化意味不浓厚。

最后,我们要说,汉字是表意文字,是人文符号,不是数理符号。如果仅仅从形式上去学习汉字,无疑是枯燥的。我们都有这样的经历,小时候默写汉字,写错了被老师罚抄,这肯定不是多么美好的学习体验。深入到字理去学习,并且挖掘汉字结构中携带的文化内涵,提高学习汉字的境界,才能体会中华文化的深邃,才能知道文化传统的可贵!第三讲我们介绍了东汉许慎的《说文解字》,这是一部学习汉字文化不可不读的书,许慎对汉字有着深刻认识,《说文解字》既能帮助我们理解现代汉字,又能帮助我们阅读古籍,解读古文字。我推荐大家试着读一读。

现场问答

问：王老师，您好！我是专门从重庆过来参加这次活动的。每次说起汉字与文化，我心里就有一种力量，有一种渴望。其实我们来到这里，环境就是一种文化。刚才您说到"和"，讲到我们的社会主义核心价值观，面对于我们国家的和谐，面对于我们公民的诚信，我听得特别认真。因为我现在就在重庆市少年宫工作，践行和谐社会主义核心价值观的第十二主题之一——友善，所以我特别感动，这是我想说的第一点。第二点，我想说一个字，就是倾听的"倾"。刚才我们在听课的时候，我看到很多朋友身子都是往前倾斜的。其实我觉得这个倾斜，是外在的一种倾斜。我更想说的是王老师您的整个状态，您的举止音容，最重要的是思想精神，使我们的思想往您那边倾斜，这样的磁场也让我特别激动。最后我想问，我们按照您说的这些精神去给孩子上课，教孩子们理解汉字，我觉得这个方向应该是正确的，但具体的做法，想得到您的点拨。

答：关于如何去教汉字，我专门会有汉字教育一讲。我们现在的汉字教学出现了很多问题。孩子还没有上学，就逼着他认识2500个字，一面认一面忘。这样的教学方法，只能让孩子失去童年的乐趣。

我们要学会教字，知道先教什么后教什么。更重要的是通过教字，让他对字有感觉，而不仅仅是认字。我曾经在新加坡做过十年的华文教师培训，那里的老师就问我，他们的孩子受英语的影响根本不看字，只看字上注的拼音，结果只能念出音而记不住汉字的形。他们问我如何解决。我认为他们没有掌握好汉字的教学方法，不知道文字对人是有亲和力的：首先你要告诉他这个字为什么这么造,然后再说字与字之间有什么关系,这样他就能学一个字掌握一串字,这样的教学才会使学生感兴趣。因为他每天都能得到一些东西,而且可以自己去延伸。

比如教"女"字,只看楷书讲不了字理,还原到古文字,也很麻烦。但是如果你说妈妈的"妈"有"女",婆婆的"婆"有"女",奶奶的"奶"有"女",他就会类推姐姐、妹妹、姑姑,女性的称谓后头都有"女"。这样,女字不用教,他自己就学会了联想。

又如,你教他"本"字,它是木字底下有一横,木的下面就是"根本";那么,木的上面呢?他就会想到"末梢",这样也就知道了"末"这个词。中间画一横是什么?就是树干,也就是一株、两株树的"株"。这样,他不就可以产生联想了吗?

还有一些字,也许他自己不一定会想到,比如说独自的"独"为什么从"犭"(犬),"独"跟"狗"字的关系是什么,狗不也是一群一群的吗?但如果你告诉他古代放牧的场景,一条狗就能放一群羊,他就会很兴奋。

所以我们要对汉字有感觉,就必须把握形与义的关系,形与文化的关系,以及字和字之间的关系,这才是汉字教学应有的方法。如果让学生死记硬背,就会把汉字变成一堆乱七八糟的笔画,东一笔西一画,又有撇又有捺,学生就会茫然迷惑。所以,汉字教育不仅仅是小学识字教学,它更是对民族热爱的教育,是对我们国家本有的文化精神进行还原的教育。

刚刚那位老师说的话,我们应该都有同感。汉字本身的确蕴含了许多趣味,但我们教不好就会使它显得繁难。比如让小孩写一、二、三、四、五的"五",他会很容易遗忘,因为"五"字的理据不容易解析:中间一斜竖,再加一个拐弯,形体不易记。这时要告诉他字理是什么,"五"古作"㐅",中间是个×形，表示交午。所谓"交午"，就是阴阳相交、上下相连，天上的雨落到地下润泽万物，地面的水汽蒸腾上升，这便是交午。汉字发展到隶楷阶段，出于书写的需要，小篆中间"交午"的"斜"形变成一个横折。所以教汉字是为了让他对字有感觉，对文化有感觉。具体更多的教育问题，我们下面还会有专门的一讲。

问：王老师，您好！您讲到，世界文字是朝着表音文字和表意文字两个方向发展。现在对表音和表意两种文字的优缺点，各有很多不同说法。您认为我们汉字作为表意文字体系的代表，它在发展过程中的利弊主要是什么？谢谢！

答：这里借用章太炎先生的观点来回答，他说，你觉得西方的文字好，自己的文字繁难，但是你不知道两种文字的优劣是互补的。表音文字的优势，在于它跟口语直接结合，你念什么音他就给你写成什么音。当然，文字是固化的，声音变了，文字不一定随之改变；而且加入地域因素就有方言问题，即字母拼出的音跟方言可能会不一致，这个方言念着顺口，那个方言就念不顺口。总之，表音文字显示出语音的信息，跟口语相结合，但是表音文字没有意义。

而表意文字与意义相关联，你就会根据意义寻找母语中的那个音。表音文字是以音寻义，而表意文字则是以义寻音。例如，一册两册的"册"，它的构形是四个竹片穿到一起，正是古代的简册。从构形联想到"册"的意思，然后找到它的音；英语单词"book"则要根据这个音，想到book是书，才能把那个意义找出来。因此，由音找义、由义找音都得找，不可能两样东西都有，这是其一，说它互补。

第二，表意文字的基础部件多，但声音的归纳性更强。后者是由发音器官的物理属性决定的。人的发音器官发出来的声音是有限的,因为在口腔中,只有嘴唇和舌头能够运动,其他器官则静止,整体而言发音器官在变量上有限。

世界上各种语言中的音位,即人能够发出的元音、辅音合在一起的数量,基本在30—40个。实际上,所有的方言,它的音节总数也都差不多。比如:广东话的塞擦音特别少,北京话有 z c s、zh ch sh、j q x这三组,而广东话则只有一组。在座如果有粤语区的人,就会知道它只有一组舌叶音[tʃ][tʃʰ][ʃ],它们的舌位介于z c s和zh ch sh之间。大家就会想,北京话三组、广东话一组,它拼出来的音节会少很多。但是广东话的音调多,它可以分辨的音调就有七个,普通话才四个,通过声调与声母、韵母的互补机制,使其达到一个总体音节数的平衡。其实所有的方言,分辨z c s、zh ch sh,都是一个难题。我们在广东、香港地区推广普通话时,你教他j q x,zh ch sh,z c s,他一说就都变成tʃ tʃʰ ʃ。这都说明,每种语言或方言总体的音节是有限的。

表音文字顾不上反映意义,而表意文字虽然基础构件较多,但它负载的信息量非常大,这也是表意文字的优势所在。不过,还要说明的是,汉字如果进不了计算机,无法与信息化和现代化接轨,那即使再有优势也没用。好在汉字经受住了信息化的挑战,这就说明表意文字也是能够进入计算机,并且可以用来做数字化信息处理的。在这种情况下,汉字基础部件相对较多的这个劣势,也就得到了一定程度的弥补。此外,因为汉字不表音,我们制定了《汉语拼音方案》这样一套标音符号,可以用来给汉字标音或计算机输入。

还要特别注意的一点是,汉语现在已经双音化了。汉语一双音化,就会用两个字去区别一个词,这就不需要再造那么多的字。所以在两汉以后，形声字基本不产生了，汉字的字数也基本稳定下来。

因此，每一个民族的文字都有它不足的地方，但也会在发展过程中弥补自己的不足。但是，将文化的信息融入文字中，这一点只有汉字和汉语可以做到，所以我个人觉得，在这一点上，我们应该还是比较自豪的。

问：王老师您好，刚才您说到汉字在由繁到简的过程中，是朝着越来越生活化、实用化的趋势发展的。但是在回溯汉字初始状态过程中，我们也发现，汉字由繁至简，损失了很多的文化内涵。如果要回溯其中的信息，需要经过较为复杂的考察过程。那么，汉字的实用性和它所包含的文化性，这两者之间似乎是存在矛盾的，您怎么看待这个问题？另外，您怎么看待汉字在现代数字化时代的未来发展？

答：这是一个很有意思的问题。简化字是写着方便认起来难。因为它越简单，信息量就越小，信息量小就不容易分辨清楚。例如，"没有"的"没"左边是"氵"，和简化字"设"左边的"讠"容易混淆。所以，"没有茶水"和"设有茶水"，就可能会看错。简化字考虑了书写的便利，但存在这样的问题。但是写的时候都要求简，认的时候都希望繁，二者不是矛盾吗？所以，简繁适度的造型才是最优化的。实际上，现在简化字的处理也不是非常理想，也有做得不好的地方，将来还有机会进一步修订。但是繁体字太繁复了，也会造成大家在认读和使用上的不便。我们可找几个汉字，用台湾地区的繁体字打出来尝试一下。

比如，简化字中忧郁的"郁"，是"有"右边加一个"阝"，可是我们写繁体的"鬱"试试看：上半部是两个木，中间一个缶；下面一个叉四点，一个框，一个匕，三撇，中间隔着一个秃宝盖。这个忧郁的"鬱"字，一共有九块。如果把这几块合成一个字输入文档，我估计这个字小四号都用不了，大四号它笔画就会模糊。所以，即使到了数字化时代，笔画太多也会存在弊端。那怎么办呢？既能有足够分辨力，又能书写比较简便，这样的字是最好的，但我们要费心去做。今后我们中国的文字规范，也会朝着这些方面慢慢努力。

我们在研制《通用规范汉字表》的时候，很多人给我写信，说简化字有哪些方面的缺点。但简化字再不好，如果我们一下子都改成繁体字，很多人恐怕都要变成文盲。这样付出的代价太大了，也是不经济的。因此，现在还不是改的时候，我们逐步地让它慢慢走向优化。当然，汉字也不是越简越好，简到最后变成A、B、C、D，那也是不可能的。以前我们也尝试过汉字拼音化的道路，结果到1958年周恩来总理在政协会上发言，暂停了汉字改成拼音文字的工作，这就说明汉字本身的优势还是很强的。

第二个问题，我们对汉字未来的发展方向的看法。我觉得，汉字的字形会标准化。因为我们用计算机输入汉字，如果字形不标准，一个字的五个写法在五个码位上，会给信息交换带来不便。同时，在古籍用字这方面会研制一定的标准。这样，我们会有更多的人既能够写简化字，又能够认识繁体字。我想将来这样一个方向，可能会比较实事求是一些。

问：老师您好，我想问汉字在产生、发展过程中承载了很多文化，那么，会不会有这样一个字，比如说它从殷、商、西周这种封建制转到秦、汉这种郡县制后，在它的形体演变上就会体现出这种制度或文化的变迁？

答：这样的例子有很多，我举一个咱们刚刚说的信封的"封"字。"封"，在金文中是𡉚，它本来是一种具体形象的展现：一个人伸出两只手，在土上种树，完全是一种自然的活动。

后来发展到小篆，这个字就变成𡊽，右边"又"（手）变成"寸"字，现在的"封"右边还是一个"寸"字。为什么从"寸"字呢？因为古代凡是跟制度有关的文字，如射箭的射，"射"是古代的考试制度，因此它就变成从"寸"；爵位的"爵"，它本来是个酒杯，但有排位的作用，所以就改成"寸"。那么，"封"为什么改成"寸"？因为"封"是种树。古代分封小国，以种树作为隔离带，因此种树就有分界的作用。分界跟分封有关系，分封跟封建制度有关系，所以它就改成"寸"了。

我再举个例子：专门的"专"（專），它的古文字形是𢒰。在造字的时候，字形上面是一个纺线的纺锤，下面是一只手。上头一捻，线就出来了，然后缠到锤上面，这也是个很自然的动作。但是"专"本身会有一个权限问题。比如专属、专管，这就是一种管理权限。慢慢地，字形下面的"又"字也变成"寸"了。这就是文化发展变化影响的结果。

这样的情况有很多，我就举这两个例子。之所以会有这种现象，是因为文化制度发生变化。制度发生变化首先影响了语言，语言反过来影响字，这个字就会随之产生变化。

问：王老师您好，现在随着社会的发展，尤其是网络的发展，产生了大量的新造字。我想问一下，新造字的产生，是不是整个社会和文化发展的必然产物？对于这些新造的字，我们是否都有必要来保留？如果没有必要都保留的话，根据什么来进行取舍？谢谢老师！

答：首先要知道，字是书写语言的。因此，语言发展，字就必然要发展，这是没有问题的。我举一个例子，就是上面一个"石"，底下一个"水"，这个字大家都认识，叫"泵"[bèng]，就是利用一种叫虹吸管的管道，把地底下的水抽上来。这就是因为产生了这种新事物，因此不得不造新字。

但是我刚刚说过，汉语的词汇已经向双音化发展，用于构词的单音节语素已经基本稳定下来，因此新的单音语素很少再产生。它将来的发展，就会用不同的方法去拼合成双音词。那么会不会有一些词，因为一些新的东西进来以后，我们没有办法去描述，而用新造的字描绘呢？会有，只要这个语言有生命力，这个字就是有生命力的。

但如果汉语词汇中本来已有一个字，有人非要新造一个，我估计这种新造字的生命力就不会强。上一讲的时候我回答了"囧"字的问题。"囧"现在电影名都用了，说明已经很广泛。最早用"囧"的这个人想象力还是很不错的：你看它是一个人，一个八字眉毛加上一个嘴，像很窘迫的样子。他把这个字叫作囧，而且语音恰好就念"窘"。但它原来的构意本身表示窗户的形状，如果把它当成"窘迫"的"窘"字，它的生命力可能长不了。因为汉语中已经有"窘迫"的"窘"字，再用一个新字就会扰乱原有的字词对应关系。在文化程度比较高或者比较规范的地方，这个字的使用率可能会比较低。在网络上开个玩笑没问题，我们也不反对，但是如果想让这样一个字把窘迫的"窘"字换下来，估计会很难。所以新字新词，只要语言本身能够保留下来，它就会有生命力。保留不下来，它就必然在短时间内消亡，或者说它只会在少数人里面流传。但是在大多数的规范层面，它可能不一定有生命力，我们是这么推测的。

所以，一个字一个词的生命力有多长，用一句话说，就是

"走着看"。像刚刚这种字我们现在还不能预测，但如果是乱造字现象，比如"火星文"，那是绝对不行的。有些情况下开个玩笑可以，比如我们现在把"什么"写成"神马"，广告商这么写，大家都懂，网民这么写，大家也都懂。但是恐怕很难进入字典，因为把语言中相承已久的"什么"替换成"神马"，估计没有这个必要。这也说明，文化本身是有层次的，而且是有群体的。一个词语能不能够为全民所用，应该有一个自然的淘汰过程。所以我们也不用担心，它只要有用就一定能留下，留不下说明它没有用处。

问：谢谢王老师，我想问两个问题，我们到很多地方去旅游，听到很多对牌匾文字的讲解，比如避暑山庄这儿多了一个"横"，灵隐寺那个地儿少了一笔，悬空寺又多了一个"点"，当地的解释能编出很多故事来，这是一件事。第二个问题，现在还有很多人，甚至很有影响的人，讲问题的时候喜欢拿汉字说事：比如说你要做人，人是一撇一捺要立得住才是人，立不住不是人，诸如此类，不胜枚举。其实他们在解释字的时候，不知道依据从何而来，但还说得正儿八经，我觉得这个问题挺严重。可是也没有人站出来给公众一个完整的、正确的解释，就任他们胡乱地肢解中国的文字，这个问题怎么办，您怎么看？

答：这是一种文化现象，在最初的时候，文字本身是可以拿来做修辞的。修辞的目的不在于说解汉字本身，而在于表达自己的观点。这样的做法偶尔说说是可以的，但是如果要把它确立为文字形体的讲解，那是绝对不行的。

我们知道，书法家们在写字的时候，都带有一定的随意性。比如说流畅的"流"，有人就不写一点，写作流，著名的欧体就是这样的。刚刚讲的避暑山庄，这样的传说已经有很多了。像这种情况，如果当作笑话，那就让他去说，只要不进教材和正规的教育体系就行。另外，这种不规范的讲解，如果把它作为重要观点去说，我们就要反对了。我认为我们应该采取这样的态度。

第五讲

怎样分析一个字——汉字的结构和字理

今天我们讲汉字与中华文化系列讲座的第五讲，说说怎样分析一个字，这是一个很微观却很重要的问题。比如说，家长、老师在教孩子汉字的时候，怎么去分析这个字？如果教他一点一横地去数笔画，就很难记住，也很枯燥，没有趣味。我们需要告诉他字是有结构的，而且从结构里可以分析出它的意义。知道这一点，学习汉字的人就会觉得有意思，可以感受汉字的魅力。

世界文字从来源看，可以分为自源文字和借源文字。自源文字就是在自己的文化土壤中产生，根据自己的语言创造出来的文字。反之，就是借源文字。比如，汉字对中国来讲是自源文字，如果到了日本，用汉字记录日语，它就是借源文字。

汉字既是自源文字，又是表意文字，它的形体一定是按照汉语的词（语素）的意义来构造的。所以分析汉字形体的时候，要注意其中有哪些可以分析的意义信息。我们首先要明白两个概念：一是构形，一是构意。构形是指一个汉字由哪些部件组合而成、组合的方式是什么；构意是造字者根据词义设计汉字字形的意图，又称为造意。它是语言的意义转换为汉字的结构时，由使用汉字的大众共同约定设计并加以整理的。造意不等于词义，词义是语言的意义,而造意是根据语言意义来造字的意图。

我们分析表意文字,一定要把构形和构意统一起来,把字形和字理统一起来。才能正确地理解和讲解汉字,也才能激发起学习者的兴趣。

例如"颖"字:"颖"的意思是麦芒,麦芒又硬又尖,才会有"脱颖而出"这个成语。颖是形声字,与禾苗有关,所以用"禾"做义符。"顷"和"颖"古音非常接近,所以剩下的"顷"字是声符。"颖"在构造形体时,为了空间疏密的得当,将"禾"置于"匕"下,一眼望去成为左右结构。如果不考虑意义,直接按照形体相离来分析,会将其分析成图1。这种按照形体相离状态进行,不考虑理据,我们称作依形拆分。依形拆分就出现了一个上"匕"下"禾"的过渡部件,这个部件是汉字系统里不可能存在的,我们称这种在汉字系统里不可能存在的、不合理的部件为"伪部件"。出现了伪部件,无法解释,就失去了字的构意信息。

如果按照字理分析,就先要把禾苗的"禾"拆分出来。因为这种拆分,是按照理据进行的,我们称作依理拆分。依理拆分出的构件一般应是成字的,这个字的造字意图就可以讲解。

分析汉字结构时,部件是组成汉字的最小单位,也就是它的基础元素。只有用部件去分析汉字,才能得出构形和构意。因此,当一个汉字拆分到有意义的构件后,就不能再往下拆分了。如果一直拆下去,每个字就会拆成笔画,把拆后的笔画像英文似的这么排起来,谁都不会明白是什么字了,也不能有效地体会构意。笔画只是书写汉字的单位,部件才是识别汉字的单位。因此,在讲汉字结构时,不能用笔画来衡量,要用部件去分析。

部件又可以分为成字部件和非字部件。成字部件很容易理

颖

(图1:依形拆分)

颖

(图2:依理拆分)

解。什么是非字部件呢？我们用例子来说明。比如："大"和"太"。"太"是"大"字加一点，最大的东西就是"大"，最大的辈分就是"太"，所以汉语中有"太祖父""太祖母""太老师"等。为了区别辈分大的和普通的大，才在"大"下加了一个点儿，成为"太"。这个点是为了区别而设的符号。这就是我们平常讲六书中指事字的指事符号。再如，"刃"的一点是在刀的基础上，说明刀刃的位置的。像这样的字，把"刀"和"大"拆出来，就只剩下"丶"了。这个"丶"在构字中不叫笔画，而是单笔部件。单笔部件大都是不成字的，又可以称为非字构件。

用部件分析汉字，可以把汉字分为独体字和合体字两类。

首先，独体字是由一个部件组成，不能再拆分的字。主要包括两类：一种是传统的独体字；一种是本来可以分析，发展到楷书，部件黏合在一起无法拆分的黏合独体字。

我们来看传统独体字，如左图。这些字在甲骨文和金文中都是通过描摹事物形体构造出来的，是典型的独体象形字。演变到楷书，有些字中已有相离的部分，如"鱼""豆"。是否需要把它们再进行拆分呢？我们可以用这两个例子来讨论一下这个问题。

先来看"鱼"字，有些老师经常会问，"鱼"不是上头是鱼头，中间是鱼身子，底下是鱼的尾巴吗？头、身子、尾巴区别得很清楚，为什么不可以拆分呢？我们看甲骨文字形中，"鱼"是整体描摹出来的，无法拆分。对照古文字形，楷书"魚（鱼）"的上、中、下三部分的确是从鱼头、鱼身、鱼尾变化而来，但变化后的"刀""田""灬"已经和"鱼"的构意没有关系，无法进行讲解。"豆"的金文字形像一个盛东西的高桩盘子，上头一横是盖，中间是盘身，下面是盘托。楷书

（象）
（虎）
（鹿）
（豕）
（魚）
（豆）

独体字

字形变化不大。如果把它拆成三部分，也没有办法讲解了。所以，不能按照字形相离程度去拆字，而要按照意义和字理来分析字。

当然，并不是所有的动物用字都是独体字的，如"雞（鸡）"和"鳳（凤）"。这两个字都是表示鸟类，早期甲骨文字形为独体字。

由于两种动物较为相似，为了区别，就在象形的基础上增加了表音符号，一个增加了"奚"，一个增加了"凡"，变成了形声字，这个过程在甲骨文中就已经完成了。

到了楷书（繁体）阶段，这两个字还是可以拆分。雞，从隹，奚声；鳳，从鸟，凡声。

下面来看黏合独体字，我们用"史""丈""更"这三个字来说明。

先看右下图的三个字：其中右边是《说文解字》小篆，左边是现代的楷书。"史"，《说文解字》解释说"记事者也，从又持中。"用一只手拿着典册表示记事的史官，从中从又，说明它的形体可以拆分为两个部件。楷书黏合了"中"字的竖和"又"字的撇，成为独体字，无法进行拆分了。

"丈"，小篆从十从又，"十"像度量器之形，可以拆分为两个部件，楷书黏合上下两个部件，也拆不开了，成为黏合的新独体字。

"更"，小篆上面从"丙"下面从"攴"（读pū，从卜从又），像一只手拿着一个工具，小篆可以拆成三个部件，楷书把"丙""卜""又"逐步粘连，同样拆不开，成为黏合式的新独体字。

无论是传统独体字还是黏合独体字，都不能再拆开去讲，因为拆开了就没有意义了。比如："日""月""山""水""木"

"肉""口""手""目""田""一""车"这些独体字，都不能再行拆分。

既然独体字无法拆分，怎么认识它的构意呢？主要通过由它构造的字来认识。比如"日"字，楷书中外边已经变成了方形，不再像太阳的样子了。要认识它的构意就要看用"日"字所构造出来的字："晶""明""星"中的"日"，都有亮的意思。"晚""昏""昧""时""晨"中的"日"，都表示时间的意思。"莫""杲""杳"中的"日"，仍是太阳的意思。

古代没有现代的时间计量工具，太阳是古代确定时间的重要标准。俗语有一句话叫"日当头了"，日当头就是太阳到你头顶上了，大概就是中午十二点到一点左右。"莫"小篆作"茻"，像太阳掉到草里头，表示日暮，"杲"是太阳升起到树木之上，表示明亮，"杳"则是太阳沉没在树木下面，表示昏暗的意思。所以，现代汉字中独体字不是没有构意，而是应该从它所构造的字中去分析构意。

其次，与独体字相对，合体字就是用两个以上的构件组成的字。按照构件的结构组合次序，合体字可分为两类：平面结构和层次结构。

平面结构是由构件一次性集合而成，这些字多半都是古代的合体象形字演变而来。比如"解"和"器"。"解"的构意是用刀来解剖牛角，三个部件是一次性结合在一起的。"器"的构意是一个犬守着四个放到器皿里的东西，"口"表示的就是器皿的口儿。它的五个构件是一次性组合在一起的，属于平面结构。

层次结构的特点是每个字符是由基础构件开始，分作若干层次逐步累加上去而构成的。小篆之后，汉字走上以形声字为主的道路，大量组合是层次组合。以"诺"字为例：

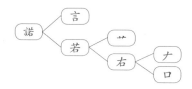

"诺"的结构是先由"又"(即手)加"口"组成"右"字，再加"艹"变成"若"，再加"言"变成"诺"，这个过程是一层一层生成的。反过来，我们分析它的结构，就要一层一层地分析，而不能一次性拆分，这就是层次结构。层次结构最具有系统性，因为从基础构件往上组合，每层都会生成新的东西。再举几个例子：

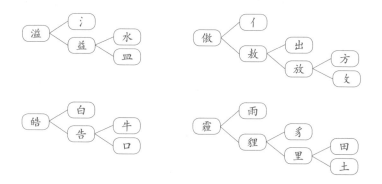

上面"溢""傲""皓""霾"四个字，都是层次结构，它们的部件是一层一层累加上去的。每一层的部件都是成字的，构造的意图都可以解释。"溢"，先由"水"和"皿"组合成利益的"益"，这个字中水是横置的，表示水满了从器皿中溢出来，"益"就是"溢"的古字。因为满了就有好处，"益"就引申为利益。后来，在"益"字基础上，加上"水"字旁，就分化出"溢"字。溢的结构是一层一层逐步累加的，不是一次性组合在一起的。

"傲"，先由表"驱使"义的义符"攵(攴)"加声符"方"组成"放"，保持了"方"的读音，同时产生"外出"义；再由

"放"和"出"组成会意字"敖",表示"敖游",古代出去求学做官都可以叫"敖"。《说文解字》:"敖,出游也,从出从放。""敖"又以新的声符身份和义符"亻"组成"傲",既保持了"敖"的读音,又产生了新的意义"傲慢"。需要说明的是,在楷书里,"出"的形体有变异,还原后仍看成"出",构意才能解释。

"皓"是白色,从白,告声;"告"从牛从口,都是按层次累加的。

"疆"最后一个部件"里",在小篆里还能分析——从"田土",楷书中间一竖连贯书写,本来可以认为是粘连独体字,但"田"和"土"还保持一上一下的原形,分开也是可以讲的。

这四个字都是由基础构件逐次累加而成的。层次结构的汉字,构意是通过直接构件来体现的,其他构件不直接对全字的构意起作用,只是因为逐级生成全字而对全字的构意间接起作用。

除了平面结构和层次结构,还有一种综合结构。例如"疆":

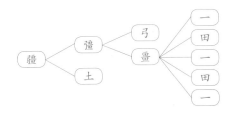

先由三个"一"加上两个"田"组成"畺",读作"jiāng",表示疆域。这个过程是平面组合。"畺"作为声符加上义符"弓"就组合成"彊"[qiáng],表示"强大",是"强"的本字,现在的"强"是借字。由于古代拉弓,强弓不会拉断,弱弓用力大就会断了,"弓"这一部首,和表示力量有关,因此"彊""弱"都从弓。"彊"再作为声符加上义符"土",就变为"疆",土放在了弓的下面。"畺""弓""土"组成"疆"的过程就是层次结构。组合过程中，既有平面结构，又有层次结构，就是综合结构。

层次结构是以逐级生成的方式来体现构意的，可以把字与字的构形关系在各个层次上有序地体现出来，是一种系统成熟后的结构方式。平面结构则是一种富有个性化的结构方式，是图形式的古文字构形的遗存。

正因为平面结构与层次结构在构意的体现上，前者是一次性集合式的，后者是两两生成式的，所以在分析汉字的形体结构时，正确区分这两种结构类型，才能准确分析造字的理据，也才能保证构件的拆分不出错误，否则就会讲错。"疆"如果先把"畺"拆出来，留下"弓"下有"土"的形体，也是伪部件，无法讲解构意，这些都属于错误的分析。

以上我们从组合生成的过程讲解了汉字的结构，下面我们从构件的组合样式来看汉字的构形。由于汉字是两维度造型的方块字，它的构件也是两维度的，构件的位置和数目都可以作为造字和区别构意的手段。这是汉字结构的特点，也是它的优势。主要包括如下几类：

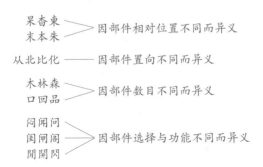

第一类是因为部件相对位置不同而区别构意。如"呆—

杳—東""末—本—朱",每组字的构件是相同的,第一组都是"日"和"木",第二组都是"一"和"木"。同样的构件,位置不一样,造出来的字就不一样。"日"在"木"上头是杲,"日"在"木"底下是杳,"日"在"木"中间是東。一横在"木"的上头是末,一横在"木"的底下是本,"朱",小篆写作朱,一横在"木"的中间。相同形体和功能的构件,因相互位置不同而产生了区别。当然,汉字里也有一部分字相对位置不同而不区别意义的。例如:"峰—峯""蟹—蠏"等。

第二类是因部件置向不同而区别构意。如"从—北—比—化",小篆字形都从两个人,分别为 𤔌（从）、𦣻（北）、𦣻（比）、𦣻（化）。"从"中的两个"人"都是正面向左放置,"比"中的两个"人"是向右侧放,"北"中的两个"人"是左右反向侧放,"化"中的两个人是一正一反放置。相同形体和功能的构件,因置向不同构成不同的字。

第三类是因部件数目不同而区别构意。如"木—林—森",一个木是"木",两个木是"林",三个木是"森"。

第四类是因部件选择与功能不同而区别构意。如"闷、闻、问""闺、闸、阁"两组字。第一组"闷、闻、问",门是它们的声符,里面的"心、耳、口"是义符。闷是心里闷,闻是耳朵听,问是用口问。第二组"闺、闸、阁",门是它们的义符,里头的"圭、甲、各"是声符。"閒（闲）、開（开）、閃（闪）",看繁体字都是会意字,没有声符。这些字都有部件"门",但"门"在构字时的功能也就是作用不同,就体现不同的构意,构成了不同的字。

这就是两维汉字的优越性。

下面我们还要谈谈分析讲解汉字应当注意的问题。就是要正确理解和认同部件。在楷书中,由于书写的原因,很多构件产生了形体的变异。

右栏四个字，属于三种部件变体："益"上面的"水"和单独写的"水"不一样，是横着放的，我们称作"置向变体"（ZB）。"裊（裊）"字上面的"鸟"，为了结构紧凑，把下面的四个点儿省去了，我们叫作"省减变体"（NB）。"酋"上面的两点儿本该是外八字形，表示酋长从瓶口向外倒酒，楷书改作内八字形；"骏"的右上角是"允"字，为了组装时的结构紧凑，将最后一笔"竖弯钩"改成了点儿。这两处属于"笔形变体"（SB）。有了"变体"的概念，就能够将汉字的构意还原回来。

因为有了变体，有些看似不一样的部件，其实是一样的。例如：

上面"赤、黑、然、烧、燎"五个字，楷书中看起来已经没有相同的部件。回到底下小篆的字形中就会发现，这些字中都有一个共同的构件"火"。"赤"从大从火，表示烧得非常旺盛的火苗颜色，赤在我们中国的颜色里面叫正色；"然"从火，肰声。是"燃"的本字；"烧"从火，尧声，表示燃烧；"燎"右边的"小"其实是"火"的变体，构意是燃烧木柴的一种祭祀。到了楷书，除了"烧"外，"火"在这几个字中分别成为不同的变体，又和其他字雷同。只有还原为"火"，才能正确讲解构意。

再如："吹、谷、品、鼓、向、舍、吕"七个字的楷书，都包含着相同的部件"口"，但只有在"吹"中，"口"的构意才是指人的嘴,其他都不是。"谷"中的"口"是流水的出口;"品"中的"口"是器皿的瓶口;"鼓"中的"口"是鼓面;"向"中的"口"是窗子,"向"古代指北窗,《诗经》讲"塞向墐户",就是到了冬天的时候,要把北边窗户堵上;"舍"中的"口"是房子的四面墙;"吕"中的"口"原是脊梁骨的象形。同样都是"口",但它们的构意不同,如果只从形体来认同部件,理据就没有了,也就没有办法讲解了。因此,在楷书中,构件的认同要根据构意,而不仅仅是形体。

因此,正确地理解部件的构意,将相同的部件变体认同,是分析汉字的一项很重要的工作。

有些人不懂得汉字在演变过程中会发生变化,不懂得通过变体的还原来认同部件,很多乱讲汉字字理的毛病都是这样产生的。

例如:"韭",小篆写作"𩑔",像一把多年生的草本植物长在地面上,下面的"一"象征地,上面的"非"像可以一次次割下来丛生的韭菜。有些人因为"韭"上的"非"与非常的"非"外形一样,硬把它讲成"不是(非)只有一根,而是一大片";把从"非"的"悲"讲成"心里像长了韭菜一样悲哀"。实际上,"悲"上的"非",小篆字形作"𠃍"它是鸟的两个翅膀相背,是"悲"的声符。而"韭"上的"非"完全是像韭菜的样子,两者形体接近,其实没有关系,不能够认同。从"非"得声的字还有"菲""霏""斐""匪""绯"……这些字都与韭菜无关。汉字是一个符号系统,讲错了一个"悲",其他的字都无法解释,这就叫"错讲了一个字,弄乱了一堆字"。

除了要正确理解和认同部件,我们还要正确判断部件的功能。汉字的部件在进入构字后,就具有了或表示字音,或表示意义,或是古文字时期象形字的楷化,或具有区别标示作用的不同功能。解释汉字必须依据它们的客观功能。讲错了构件的功能,也会引起一系列的问题。例如:"饿"中的"我"是表音部件,但有些人硬要把它讲成"我要吃(食),因为我饿",把"我"曲解为表意部件。还有人把"儒"讲成"人的需要",没有弄清"需"是"儒"的声符,与需要无关。也有人把"姑"讲成"古代的女人",将表音部件讲成表意构件。同样,把表音的"我"讲成第一人称的"我",会误导其他字的构意,"俄""娥""峨""鹅"的讲解,就会被类推成"我的人""我的女人""我的山""我的鸟"等等。"姑"被讲成"古代的女人","枯"就会类推成古代的树了,"沽"就会类推成古代的水,"苦""估""固""骷"等字又该怎么和古代联系?类推起来岂不荒唐!"儒"讲成"人的需要","濡"难道是"水的需要"吗?

所以,汉字的字理是可以讲的,但是不能乱讲。一则因为每个字都有它历史发展的背景,二则文字之间有相互的联系。乱讲汉字,经常会讲错了一个,弄乱了系统。汉字虽然人人都认识一些,但汉字是一门科学,有一套基础理论,需要学习。这一讲我们对分析汉字的理论和方法做了最初步的介绍,是为了让大家知道,家长和老师都有一个学习的任务。严肃对待、正确理解汉字,是一种文化素养,希望我们共同来维护汉字,更科学地分析汉字,使汉字更容易学习,更能显示其中的文化内涵,表意文字的优势也就表现出来了。

现场问答

问：王老师您好，我想说三点感受和想法。第一点，这个讲座特别好，使我们认识到汉字具有的文化意义，认识到了汉字的价值和趣味。第二点，我想知道，在我们认识汉字的时候，怎么去把握对它的正确说解？如您所说，现在书本上对汉字的形体分析，有的是正确的，也有的是错误的，那么如何判断这些说法到底正确还是错误？有没有比较权威的书籍可供参考呢？第三点，在我们了解和认识汉字的时候，我们能否从"和谐"的角度进行创新？比如说，今年（2015年——编者按）是羊年，社会主义核心价值观中，友善的"善"字，与羊应当有点关系，美也与羊有关系。那我能不能这样理解，就是说我们有善念善心，就要想到口，就要想到我们的言行一致，然后做到善行。所以，综合起来，我想请教一下，在认识汉字的过程中，怎样把这三点结合在一起，做到有趣、准确把握而又有创新？谢谢王老师！

答：这是非常好的问题。我们先说说一个汉字的结构，怎么理解才是正确的。首先，我们要了解一个汉字的发展历程。在上一讲的时候，我曾经把《说文解字》介绍给大家，《说文解字》是分析小篆形体，说解汉字本义的，其中大部分的讲解也是正确的。而我们现在的文字，跟小篆的关系衔接得也很密切。因此，理解个体汉字，首先可以参看《说文解字》。

其次，我们也要从汉字构形系统中认识汉字。汉字的部件，不只出现在一个字中，它是在整个汉字系统中存在的。刚才我也提到，汉字形体中有"变体"，面对变体的情况，就要将不同的部件变体相互参照，参考部件的正体来分析汉字。如果在汉字系统中，对同一个部件的说解是混乱的，那说明这种说解是不正确的。我在讲课时曾举例说：把"枯"说成"古木"，如果类推去讲，"苦"就是"古草"，"姑"就是"古女"……这就是有悖于汉字的字理。又比如，有人说"儒"就是"人的需要"，这显然是不对的，因为"濡"又是什么"需要"呢？反之，对部件的说解是准确的，在汉字系统中，这个说解不仅适用于一个字，在其他字中也是适用的，这就是符合字理的说解。回到刚才讲到的"羊"的例子中，为什么善字从"羊"？我们看到，在古代的牲畜中，马能拉车，牛能耕地，而相对于马、牛这些牲畜来说，羊的体型不大，无法承重，在人们的生产生活中，羊最主要的功能就是供人们食用。在中国古代有一句话说："羊在六畜主给膳"，说的就是羊是人们膳食中的重要组成部分。在生产力不很发达的古代，羊就带有美好的含义。在汉字系统中，善、祥、美三字，都从羊。我们可以用"羊"来讲"善"；也可以用羊来讲"祥"，因为对人来说，羊也是吉祥美好的象征；还可以用羊来讲"美"。这种说解，是符合字理、符合文化的。

因此，判断一个字的说解是否准确的标准，要从两方面看：从纵向的历史发展来看，说解要符合个体汉字的历史流变；从横向的汉字系统中，对某个汉字部件的说解，在其他汉字中也能够沟通。

但是，汉字的讲解该怎么创新？如果今天我们用汉字讲核心价值观，明天我用汉字讲经济运行，后天我用汉字讲科技发展，这并不是一种科学的方法，而是拿汉字和今天的事物进行联系，甚至是比附了。我们可能忽视了一点——汉字本身是历史文化的产物，诞生于古人特定的历史环境下。固然，今天和古代，有不少东西是前后相承的。在核心价值观中对"和""善""美"的追求，是中华民族自古以来就有的文化观念,又在汉字构形中有所体现。然而也有一些汉字,发展到今天,已经和造字时的字形本义有了脱节。比如说,强大的"强",本字写作"彊"。为什么从弓?如果不从历史文化上理解强大的"强"跟弓箭的关系,放在今天,强大和弓箭看上去已经没什么关系了。可以看到,随着历史的发展,社会环境已经发生了变化。因此,我们不能违背汉字本身的历史,用今天的事物,随便去创新地讲解汉字。这样做,难免也会丢失了汉字的历史文化内涵。

当然,也有人会说,在教孩子们认字的时候,可以采用一些办法,使孩子们更容易记住,这就是"记忆法"。举例来说,我们念书的时候,要学外语,有些文字很长,我们就注上汉字,通过谐音的方式,达到了记住的目的。但记忆法与字理,应该是两回事,记忆法并不是对学理的科学方法,只是为了达到记忆效果而偶然使用的一种小手段,和历史文化没有多大关系。但是,汉字学是一种科学,一个字的正确讲法是确定不移的,具有一定的客观性。总之,汉字的讲解应该是客观的,它的客观性在于它的历史和它的系统。

问:王老师,您好。我刚才听了您的讲座,有了一些启发。您今天讲到,汉字是不能随意分析的,形声字中的声符,当然也不能随意讲解。我就请教您几个问题:首先,有一些汉字的声符,我们把它当作义符,也是可以讲通的,这些声符,似乎是形声兼会意的功能。那么,这些字究竟是形声字,还是形声兼会意字?其次,部件的位置不同,会不会影响汉字的意义?就比如,繁体字里外的"裏",是把"里"字夹在"衣"字中间,而初期的"初","衣"字写在左边,袭击的"袭","衣"字写在下边,衣的部首位置不同,会不会影响汉字的意义?谢谢。

答：这是一个专业性的问题。

首先，"形声兼会意"的说法，源于《说文解字》，历代也有很多学者沿用。但在现代的语言文字学中，基本上不袭用这个说法。凡是有声音的，我们都叫形声字，会意和形声是不同的概念，也不会交叉。

我们知道，从形声字的产生来说，有一部分汉字，是在声符基础上增添义符分化而来，这些声符，我们称为具有"示源功能"的声符。从功能上看，形声字中的声符，表示它的声音，揭示的是词源，而不是它的"比类合谊"的义符；而会意字的义符，它表示的不是词源意义。因此，形声声符的示源功能，和会意字的义符的功能是不同的。

从汉字的结构分类来说，会意字和形声字这两个概念，需要厘清。前人所说的"形声兼会意"的文字，本质上就是形声字，和会意字无关。因此，我们不主张用"形声兼会意"来称谓它。我们可以举两个例子来讨论形声和会意的区别。比如说，便利的"便"，它是由"人"和"更"字会意合成的。一件事物，如果想让它便利，就要随时变更，使它适应当时、当地的环境，这就是"便"之所以从"更"的由来。"人"和"更"都与"便"没有声音关系，"便"肯定是会意字。再看另外一些字。比如："轮""论""伦""沦"……这些字都有声符"仑"，当然是形声字；但是这些同声符的字都是记录同源词的字。"车轮"的"轮"特点是圆转，辐条很有次序；"议论"的"论"是有条理、有次序的讲话；"伦理"的"伦"是人的血统、长幼关系的次序；"水沦"的"沦"是水中的涟漪有次序地一圈一圈地展开……这些声符具有了词源意义，声符表现出来的不是词语的使用意义，而是造词的取象特点。这些字不是会意字，只能是可以探寻到词源意义的形声字。我这样说，有些朋友还会难以理解，只要记住凡是有声符的字，就是形声字。会意字和形声字完全是不同的结构原则。汉语词源学是一门有意思但专业性很强的学问，不是简单讲一讲就能说明白的，大家如果有兴趣，我们可以专门开讲座来讲。

其次，部件位置的改变，会不会影响汉字的意义？有一些字，部件位置改变后，意义不发生变化。比如说，山峰的"峰"，写作左右结构，和上下结构的"峯"，是异体字的关系。又如，天鹅的"鹅"和上下结构的"鵞"，意义上也没有差别。在汉字之中，左右结构的汉字大概占到形声字总数的三分之二，上下结构的字则相对较少。为什么会产生这样的现象？一来，古代汉字是竖写的，在识读的时候，上下结构的字，容易造成二字相连的误解，因此为了避免这种情况，左右结构较多。二来，写在竹片、竹板上的汉字，由于竹简本身带有曲度，也不太适合把字形拉得太长，所以一般左右结构会多一点。另外，对方块字来讲，左右结构也容易方，也就更漂亮。

然而，对一些字来说，部件之间位置关系的改变，会对意义产生影响。比如"呆""杏""東"这三个字，都包含日、木两个构件，但是位置的改变，就造成三个不同的字。又比如说，一个口和一个木，口在下面是"杏"，口在上面就"呆"，木在口中就是"困"。所以说，如果一个汉字是靠部件的相互位置关系来表现构意，那么部件位置的改变，是会影响到汉字的意义的。

所以说，构件的位置关系，有一些是可以区别意义的；另外有一些字是不区别意义的。这一点因字而差异。在古籍整理的时候，像峰和峯、鹅和鵞这样的情况，我们会选择一个作为通用字，没有必要都保留下来。但是，既然古书上两个形体都有，我们读书时就都应当认识。

问：首先，谢谢王老师，您辛苦了！我想提一个问题。今天您说到汉字的构造问题，还特别介绍了《说文解字》这部书。我曾花了很长的时间，从头至尾读了两遍《说文解字》以及《说文解字注》，对《说文解字》也产生了一种特别的感情，并逐渐了解到《说文解字》在汉字研究中的权威性。迄今为止，我认为它仍然是汉字学中一部最有价值的参考书。

我也注意到，新中国成立以来我们的汉字学研究专家，逐渐对六书的说法提出了一些自己的意见。这样就使得我对"六书"的说法，有一点隔阂。王老师您作为经常参与国家语言文字决策的专家，也会提出一些比较权威的意见。目前对《说文解字》中的关于汉字构造的六种说法，有没有新的意见和说法？谢谢。

答：这个问题特别好！不管是在教学，还是大众模糊的认识中，对汉字的结构分析，一般都是采用"六书"来讨论的。但关于六书的争议，不仅今天有，在历史上也有。宋代的学者，就曾对"六书"有相当激烈的争论。为什么会产生这样的现象？首先是宋代金石学的发展，一些学者注意到，青铜器上的古文字材料，有一些是用传统的"六书"无法分析的；同时，宋代城市兴起之后，俗字大量产生，有些俗字用"六书"也讲不了。面对这种情况，宋人就开始怀疑"六书"，并产生了一些学术上的争论，最后，经过一段时间的讨论，到了张说的《复古编》中，宋人又重新回到"六书"来讨论汉字。

关于"六书"，一般认为，象形、指事、会意、形声这四书是分析汉字结构的。这四书到底是怎么分析汉字的呢？我们称之为"结构—功能分析法"。简而言之，当你把汉字按部件拆分，这四书实际上说明的是部件在参与构字时的功能，主要包括表形、表义、标示、示音这些功能。而关于转注、假借，各家的理解尚有分歧，莫衷一是。转注和假借，甚至成了一个大家都厌倦讨论的问题。在这里，我想介绍一下章太炎先生对转注、假借的认识。章太炎先生专门写了一篇《转注假借说》，指出语言的发展会推动意义的引申。由于语义的引申、语义的变化，在原有的字的音义基础上，分化出新的字来承担语言中已经分别的意义，这个现象就称为"转注"。例如景观、风景的"景"，在古代同时也可以念"影"，记录了影子的"影"的含义。景和影有什么关系？其实，太阳正面照到的地方，就是"景"，太阳背后形成的则是"影"，景和影是意义引申的关系。后来，"影"字就在"景"字的基础上，增加"彡"旁，分化为新字。转注说的就是这种意义引申从而分化新字的现象。分化之后，意义也就转注到另外一个形体上。那假借是什么？太炎先生认为，意义引申而系于同形，不再造字，则称为"假借"。这其实就是今天我们讲的多义词。比如说站立的"立"，本来当"站立"讲，这是很具体的。后来，就会由站立，引申指很好地站到自己的位置上，所以就有了立身、立言、立德等等。在这里，"立"就产生树立一种抽象的品德的意义，显然它的意思已经发生变化。这样，意义有了分别，但有没有造新字，而仍然在原有的字形下记录这个词义，这就是造字的假借。

与这种造字上的"假借"不同的是，还有一种"假借"，是传统文字学上用字的假借。这指的是借用其他字形来记录不同的词。比如说，容貌的"容"和容纳的"容"，现在是一个字。但容纳是说把一件事物收入在内，容貌则是显露在外，二者内涵显然不同。在《说文解字》中，容貌的"容"的本字作"颂"，籀文作"额"，这个字从"页"，表示与头有关。但后来写着写着，人们就将颂（额）和容两个字合起来了。"容"字上从"宀"，表示房屋，下面一个山谷的"谷"，都是可以容纳东西的地方，所以"容"是容纳的本字，对"容貌"这个词来说，就是借字。

为什么汉字已经分化出新的词义，有的通过造字形成转注，有的则不分化而形成假借呢？这是由于汉字的增多，会对人的记忆造成负担。因此，汉字要控制总体的字数，一些造出的新字，还会自然地优化、合并。总体而言，转注和假借，阐明的是汉字适应语言的发展，分与合、多与少不断调节使之适当的辩证过程。

也有人提出疑问，前四书是分析汉字的微观规律，而后两书是总体上的法则，这不在一个层面，不应该放在一起。但古人将这六种说法合为"六书"，也不足为奇。当我们去看古人的书籍时，就会发现，古人似乎特别愿意凑到"六"。像"六艺""六经"等，都是以"六"为名。这种文化现象，和《易经》的文化影响有关。我们知道，周易的每一卦正好是六爻，"六"在古人观念中，是双数中很重要的数字。因此，古人常常用"四"跟"二"凑，用"三"跟"三"凑，用"六"来概括一类相关的事物。所以，尽管六书不在一个层次上，但确实是古人对汉字构造规律的认识和总结。

那么，"六书"能否分析所有的汉字？用"六书"来分析小篆，是基本可以的；用"六书"来分析甲骨文、金文，则难免会有一些扞格不通的地方。因此，每当"六书"遇到了它所不能分析的文字形体，它的权威性就会被动摇。

我们认为，"六书"从总体精神上，是能够把握汉字的基本规律的。今天我们去分析一个汉字，无非是从结构和功能进行分析。因此，我们没必要去推翻"六书"。有一些学者认为，"六书"不能完全分析古文字，主张不用"六书"；但即便他们推翻了"六书"中的部分说法，却仍然会沿用其名。在分析字形的时候,"会意字"说的还是两个义符的会合;"形声字"说的就是一个声符和一个义符的组合。这可以从侧面看出,"六书"对汉字基本适合,也可以看出"六书"在汉字文化上难以撼动的强大影响。

同时,我们也需要客观地认识《说文解字》的小篆形体——《说文解字》的小篆本身,构成了一个平面的汉字系统,为我们沟通小篆之前的古文字、分析后来的汉字演变提供了线索。但我们也应当注意到,从古文字发展到小篆,有许多文字字形发生了变化。因此,并不是所有的小篆字形都能和古文字完全对应。我们不能因为部分《说文解字》小篆字形与古文字不相合,而否定《说文解字》六书的价值。打一个比方说,如果有个孙子不像爷爷,我们也不能说,这是孙子长错了。

所以,从理解传统"六书"的角度看,我们可以把"六书"看作"结构—功能分析法"。我在商务印书馆出版的《汉字构形学导论》中,曾利用结构—功能分析法,将汉字分析为十一种构形模式。从小篆发展到今天,由于表形部件没有了,基本上就四种构形模式,可以看到,六书仍然基本适用于现代汉字。

由此,我不主张推翻"六书"。推翻"六书"以后,我们就会失去一个长久传承的话语传统。在面对传统时,我们固然要去除其中的糟粕,但也要正确地理解和阐释传统中所包含的先人的智慧、人文的思想内涵,而"六书"就是古人留给我们的宝贵的学术思想之一。

问:老师您好!我想请教一个问题:汉字在发展过程中,是和演变统一进行的吗?是否有一些地域性的发展和变化?比如说,我们通常意义上的"川"字,像川流不息、名山大川,都是和水有关的。但是有些地方,说"片儿川、拌川,指的是面条。那山川的川和面条的川，是不是同一个词，该怎么称呼？谢谢！

答：首先，从历史的发展看，虽然我们不知道传说中的"仓颉"是否真的在历史上存在，但是历朝历代，都比较重视对汉字的规范和整理。在秦始皇统一天下后，李斯就曾经做过统一文字的工作。而在后来，来自政府的权威整理和规范，也是持续至今的。所以说，汉字发展到现在，总体说来还是统一的。

但在语音发展上，汉语的发展是有地域因素的。比如"片儿川"，是一种风味小吃，南方和北方都有。这里的"川"，本字应该是"汆"，和山川的"川"不是一个词。汆是食物放入开水后再迅速捞起的一种加热方式。在杭州方言中，"川"和"汆"的声音相同，人们记录的时候，就写作"川"字。一方面，两个字在方言中读音相同，另一方面，可能"川"字也比较好认，因此沿袭下来，大家就写作"片儿川"了。

第六讲

不必都是书法家,却要写好每个字
——汉字的书写规则与书法艺术

这一讲的题目是"不必都是书法家,却要写好每个字",顾名思义,我们是要探讨汉字书写的问题。书法是中国文化的瑰宝,它在中小学教育中的地位也日益重要,应该是从2015年开始,中小学会开设每周一节专门练习写毛笔字的书法课程。但我们同时也要清楚,书法艺术和书写规则并不在同一个层次上,对中小学生而言,重要的是让他们掌握书写规则,而不是人人成为少年书法家。因此,我们今天就书写规则的问题,和大家进行探讨。

我们知道,汉字是在两维度空间里进行构形的,同时它又是起源于图画的表意文字,所谓"书画同源",文字和绘画的创制都源自对物象的捕捉。因此,汉字具有产生书法艺术的天然条件。比较全世界各种各样的文字书写,汉字的审美特性是最高的,如果你拿汉字和英文进行对比,就会看到,尽管英文也有很多的艺术字体,但它仅仅是在26个字母上做文章,和博大精深的汉字书法是不可同日而语的。

当然,并不是每个人都能成为书法家,走进汉字书法艺术的殿堂。想要成为一名书法家,不仅要在书写上千锤百炼,而且要写出自己的审美风格,这是一件非常不容易的事情。我们把书法家的个人风格称为"书体",把汉字的总体风格称为"字体",二者是有区别的。在第三讲中,我们介绍了"字体"这个概念,字体是汉字在长期书写过程中形成的、相对固定的式样特征和体态风格的大类别、总风格;而"书体"则与书法家的艺术个性密不可分。比如我们熟知"颜(真卿)体""柳(公权)体""欧(欧阳询)体""赵(孟頫)体"等,都是历史上著名的大书法家的不同书体,风格十分鲜明。在下面的图片中,依次是欧阳询、虞世南、颜真卿、柳公权、赵孟頫书法中的"道""流""能""岁"四字。通过比较,我们可以看到古代一些典型书体的风格:

欧体平正大气,颜体丰腴厚重,柳体骨力遒劲……我们看到,古人的书法艺术实在是精彩绝伦,它们能够提升我们的艺术境界和审美眼光。但对我们每一个人来说,不是人人都要去当书法家,而是人人要写好字。如何提高大众的书写水平,是基础教育中十分重要的命题。因此,我们重点要讲的不是教大家如何创作书法,而是和大家一同探讨汉字书写的基本规则。

想要解决汉字书写的问题,首先要区分实用的汉字和艺术的汉字。书法是一种汉字书写的艺术,但它和音乐、美术这些

"纯艺术"还有所不同——音乐、美术以审美鉴赏为主要功能，而汉字首先是记录汉语的符号，是以实用性为本的。现代汉字有五大属性：形、音、义、用、码。以前我们说汉字有形、音、义三大属性，现在又添加了"用"和"码"这两个重要的属性。"用"是字用，指汉字记录汉语的实际职能。在简化字和繁体字中，同一个字的功用是不一样的，比如"征"在繁体字中就是"征伐、打仗"的意思，但到了简化字中，"征"既有"征伐"之义，也有"征求""象征"之义，因为它和"徵求"的"徵"合并了。字用是理解汉字的重要属性。"码"是汉字在计算机中的编码，它是汉字信息化过程中必不可少的属性。汉字想要进入计算机，既要有内码，也要有交换码，通过二者的转换解决汉字输入、输出的问题。我们在查询、检索、输录的过程中出现问题，都不是字本身的问题，而是编码的问题，计算机认码不直接认字。关心"码"，才能准确传递信息。

在本质上，这些属性都是汉字记录语言的实用属性。汉字必须先有记录语言的实用价值，才能进入艺术的大门，形成书法，具有审美价值。因此，艺术的汉字首先是符号的汉字，它的艺术表现必须遵循汉字符号的内在规律。在这个意义上，汉字艺术大约相当于建筑艺术——建筑固然要追求审美，但首先要安全、结实、舒适，然后才能谈得上美观。建筑物的作用首先是承载人们的生活，它的审美价值是在实用的基础上体现的。

古代的汉字大多都是实用的汉字，尽管它们非常美观，但在性质上是以实用为本的。我们先看下面两个例子，第一张图是宋版《广韵》，《广韵》是中国古代的一本韵书，一共有206韵，把汉字按照韵来分类，把字分别排列在不同的韵下面，进而标注读音，讲解意义。第二张图是文渊阁《四库全书》的抄本，文渊阁是收藏《四库全书》的七阁之一，位于文华殿之后，

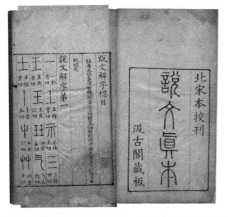 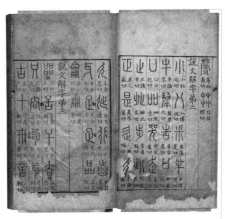

[汉]许慎撰、[宋]徐铉校定：《说文解字》十五卷，明末（1621—1644）毛氏汲古阁刻本，国家图书馆藏

《广韵》

文渊阁四库全书《论语集注》

第六讲　不必都是书法家，却要写好每个字　145

张君节墓志铭

房山石经

是紫禁城中最大的一座皇家藏书楼。这两本书都是以毛笔书写为基础的，你们看写得多么规矩！这就是我们先贤的文化修养。

碑刻是我国十分独特的文献载体，样式多种，也是先写后刻上去的，碑刻上写完再刻的文字属于实用文字。它们首先具有实用价值，也有很多本身就是可供欣赏的艺术作品。

关于实用的汉字和艺术的汉字的关系，启功先生有一个非常深刻的见解，他说："现在书法上的流派很多，有的偏重于点画奇特，有的偏重于结构的安排与前人不同，有的在章法上参差交叉。可不管怎样写，总有个条件，写出来得是'字'。比如写个'人'字。文字作为语言文字的符号，有它的基本条件。无论怎样变化，它也得受文字作为符号基本功的限制。比如狂草，到怀素，不管曲折到什么份上，'狂'到什么份上，还是能给它做出释文来。既能做得出释文，就证明还没脱离文字本身……书法脱离文字，就好比没有鸡肉的鸡汤，提炼味精，化学上可以这么办。可是艺术上能不能这么办呢？"

启功先生的话，告诉我们一个道理：书法艺术必须建立在汉字书写规则的基础上，如果脱离了汉字的实用属性，书法艺术也就成了空中楼阁。现代人搞书法创作，有时难免会有一种误区，认为字写得怪就是创新。我们认为，书法欣赏不应该以奇怪为主，而是要看它是否符合汉字的书写规则，在大家都遵守书写规律的基础上，再凸显出自己独有的风格，这才是最难的。我们看历史上的大书法家，没有一个是把字写得很怪的。

在汉字的发展过程中，实际上存在两个层次的美化——自然美化和艺术美化。所谓自然美化，指的是表意的汉字符号在两维度的方块中构造形体时，自然而然形成的美感，这种美感是具有社会性的。而艺术美化则是书法家刻意书写、创造出来的美感，这种美感具有鲜明的个性。书法对于社会文化的巨大影响，在于艺术美化对自然美化具有强大的感染作用；与此同时，艺术美化也不能全然摆脱自然美化的规律，如果违背了社会审美的总体规则，艺术美化也一定是无法实现的。由此我们看到二者之间的关系非常辩证。

在自然美化的影响下，汉字在书写过程中会产生一些结构部件变体。第五讲在说到部件认同的时候，我们曾举出"酋、袅、益、骏"四字为例，说明变体的类型。这里，我们还可以举一些例子，说明为了书写的匀称、美观，在汉字结构中常有部件的调整。

萤　　　珊　　　炊　　　惃

莹/虫　　王/删　　火/吹　　甜/惃

"萤"是从"莹"得声，加上义符"虫"时省去"玉"，"珊"从"删"得声，加上义符"王"时省去"刂"，"炊"从"吹"得声，加上义符"火"时省去"口"，"惃"从"甜"得声，加上义符"忄"时省区"甘"。这些被称为"省声字"的造字法，都体现了书写的自然美化。

除了部件变体之外，书写还会导致汉字部件位置的重组。看下面一组字：

徙　　修　　腐　　监（监）

（1）"徒"的小篆字形本来是"从辵土声"，辵就是楷书字的走之旁（辶），"徒"的本义是不坐车而徒步行走，后来引申出"徒手""徒劳"之义。到了楷书字形中，为了书写的均衡方正，移动了"辵"下部的"止"，与"土"合为"走"。（2）"修"本是"从彡攸声"，但为了字形的匀称，将"彡"置于"攵"下，使形体方正。（3）"腐"本来是"从肉府声"，为上下结构，小篆与楷书字形出于汉字轮廓的方正，把"府"的一撇延长，形成了半包围的结构，让整字更为沉稳。（4）"監（监）"在金文中是一只眼睛、一个人再加上一盆水，取象于人在水面上照镜子。到了小篆中，表示眼睛的形体变为"臣"，"人"在"臣"边，皿中依然用一点表示水。在楷书字形中，为了追求方正，将表示水的短点变成横，组在卧人之下。

从这两种书写现象中我们看到，楷体字在追求实用性的同时，不断地在自然而然追求均衡、匀称、方正、沉稳的美化效果。这种美化是社会书写的自然产物，而不是哪位书法家个人的功劳。汉字就像建筑一样，在实用之中具有造型美的特点。因此，它才能在实现应用价值的同时，呈现出自身独特的审美功能。如果没有书写的自然美化，整个社会都把字写得乱七八糟、歪歪斜斜，书法家们也就丧失了艺术提炼的社会土壤，汉字的艺术美化是无法实现的。其实，想要维护汉字，每个人都有责任，都要追求汉字书写的美观。

在这里，我们先要了解汉字书写的单位。汉字识读和书写的基本单位是不一样的，汉字识读的基本单位是部件，书写的基本单位是笔画。在我们认字的时候，要看汉字由哪些部件组成，进而理解部件之间的关系。而写字的时候，则是一笔一笔写成，而不是一个部件一个部件地去写。有人认为笔画是部件的下位概念，这个认识是不够全面的：不论是从写字人的心理上,还是从实际书写的程序上,写字都不是先由笔画组成部件,再由部件组成全字,而是由笔画直接布局全字。以繁体字中的"國(国)"为例,认字的时候要知道它由义符"囗"[wéi]和声符"或"[yù]组成,写字时则不能先写一个"囗",再把"或"添加进去。汉字按笔画书写,按部件认读。识字不需要从笔画开始,只需要关注整字和部件,写字则必须首先关注笔画——这是汉字教学中必须分辨清楚的事情。在汉字教学中,如果以笔画为单位教孩子认字,先记住一横,再记住一竖,然后又是一横……记不住就罚孩子抄写一百遍,甚至家里爸爸妈妈、爷爷奶奶帮着一起抄,这样的汉字教学一定是低效而枯燥的。

我们要说明一些汉字书写最基本的规则——主要从笔画和结字两个方面。

笔画是汉字书写的基本单位,我们应该如何分析笔画呢?楷书的笔形从大类分为横、竖、撇、捺、点、折,学习毛笔字时,笔画是通过行笔和运笔来实现的。笔在纸张上的运动,分两个方面:毛笔在纸上按必要的路线实现笔画的过程称作行笔。行笔是笔在载体上平行活动的轨迹。楷书行笔从点开始,向右为横,向下为竖,向左下为撇,向右下为捺,中途改换方向为折。行笔时运用提、按、轻、重的手法使笔画按笔形实现称作运笔。运笔是行笔过程中笔的纵向用力。行笔和运笔合在一起,产生了笔态——笔画完成后形成的状态,分析笔态从以下几个方面入手。

笔锋:入笔与收笔处称锋,不仅仅横有入笔和收笔,其他笔形的入笔、收笔都可以描述,可藏、可露。

弹性:笔画均匀的变化构成弹性。例如:一般把长横分为首(起)、胸、腹、尾(收)或首、腹、尾三部分。各部分粗细的变化表现出弹性。

曲度和倾斜度:毛笔书写只有做中线的竖是垂直的,其他笔画少有几何直线，横、竖都有一定的曲度和倾斜度。

折点：折笔或弯笔转角处的状态称折点。分锐折（又称硬折），如："田""司"右上角的折点，曲折（又称弯），如："化""乱"右侧的转角。

笔画除了笔形以外，还形成了"笔数"和"笔顺"两个概念，一个字有几笔，这是笔数。在写字时先写哪个笔画，后写哪个笔画，这是笔顺。笔顺确实很重要，写字不能写"倒笔画"，一定要遵循"先上后下，先左后右，先撇后捺，先入后封"这些基本的规则。这是一种很容易记住的规则，因为不这么写不可能写好。写字写顺了，用不着去死记，自然也就写上来了。国家语言文字工作委员会有关于笔顺的规范，每个字都定准了先写哪笔，后写哪笔。笔顺规定得那么确定，折就规定了24种，还一一排了序，这是为什么呢？这是为了给汉字排序。汉字不像英语，是没有自然顺序的，我们给汉字排序时，一般是先按照部首排，在部首下面再根据笔数排。如果两个字笔数都一样，怎么办？这就要参考笔顺的次序了，我们现在笔形的顺序依次是横、竖、撇、点、折，以前的顺序是点、横、竖、撇（捺）、折。根据这一顺序，自然而然就排出了汉字的次序。写字，记住一个规则就可以了，不必如此拘泥，更不适合刻意地去提倡死记硬背一个字的笔顺。这里要再说一说草书问题，行书、草书是速写字体，为了写得快，有一个"笔程"的概念需要注意。行书、草书不完全按照楷书的笔顺书写，这两种字体追求高速，不同程度地简省了一些笔画，还调整了笔程。笔程越短，书写越快。最后我们还要说一下笔意。就是笔画中体现出的汉字构形理据。如果了解了汉字的字理，带着汉字文化的意识去书写，是有助于写好字的。

行笔和运笔对汉字构形有着深刻的影响。接下来，我们介绍一个非常重要的书写规则——笔形变异。楷书的笔形在社会书写的过程中，会发生习惯性的变异。这种变异带有规律性，影响着楷书的总体风格。从变异的原因来看，笔形变异可以分为以下几类：

首先，因为书写连续进行而产生变异。我们在写字的时候，笔顺相邻的两个笔画总是连贯起来书写，在行书里，两个笔画之间会有虚连，楷书中虽然不会连在一起，但顺势写来，笔形就会有些变化。主要有两种。

1. 横变提：在左右结构的汉字中，左边多是汉字表示类别义的部件，一般也是部首。这些构件的最后一笔如果是横，出于接续下一个右边部件的需要，一般把横变为提。我们看下面三组字：

土—坐—地　　牛—牢—牧

子—字—孔

"土"字两横一竖，两横是大地中的空间，竖是生长出来的草木。在"坐"字中，"土"位于字形下部，最后一笔也写作横。但如果写"地"，"土"位于字形的左边，最后一笔则变成提。"牛"和"子"也是如此，在单独写和位于字的下方时，最后一笔都是横，但如果位于字形左边，横都变提。

2. 竖变竖钩：有些竖为了接下去写下一笔，会在末尾钩上去，使下一笔接续紧密。也有些竖为了与另一边对应，或为了有结束的感觉，也在末尾钩住。例如：

求—救—球—毬　　水—冰—汞—泉

行—街—術（术）—衔

"求"和"水"属于第一种情况，分别在第二笔和第一笔写竖，下面还要接着提上去写下面一笔，因而趁势带出钩来。"行"属于第二种情况，竖已经到了最后一笔，为了与前面的"彳"照应而有结束的感觉，也就趁势钩上去。竖钩这种笔形的产生情况比较复杂，很多竖钩如上所说，是一种笔势，属于笔形变异。也有些竖钩并非变异，而是有区别作用的。例如："干—于""平—乎"有钩无钩不是一个字。又如："子（字、李）""手（拿、挚）"等字下面的钩，是不可少的，并非笔势，完全是一种独立的笔形。

其次，为了结构紧凑而产生变异。汉字书写在结体时，要求空间关系疏密得当。有些字形在独立书写的时候，结构是发散型的，也就是笔画向外张开。但在组构其他字时，由于要给别的部件让出空间，便采用了聚敛的笔形。汉字书写中的捺变点和竖弯钩变竖提，都属于这种现象。

3. 捺变点：捺是向右下方倾斜的笔形，很多是一直拉伸到右下角，例如"大、木、文"等，笔画数虽少，占有空间却较大。这些字组构其他字时，如果在左边，就会侵占右边部件的空间；如果在上边而被承托，就会侵占下面部件的空间。为了结构的紧凑，书写时捺就会自然而然地变成点。例如：

木—架—村　　文—纹—斌

食—餐—饱（飽）　　大—奈—奇

"木、文、食"独立书写时，或者是位于汉字的下方、右边时，最后一笔都是捺。但如果它位于汉字的左边，为了使字形变得紧凑，捺变为点。"大"单独写、上覆下如"奈"时最后一笔是捺，"奇"上的"大"被承托，捺变点。

4. 竖弯钩变竖提：竖弯钩一般在右下方最后一笔，弯呈

90°并两折,占有空间较大。如果组构其他字时在左边,就会变为竖提。例如:

先—洗—赞　己—记—改

屯—纯—邨

当"先、己、屯"独立书写或位于字形的右边时,最后一笔写成竖弯钩,但它们位于汉字的左边,为了字形结构的紧凑,就写成竖提。

最后,为了构形美观而产生变异。汉字可以两横、三横重叠(工、王等),可以多竖并置(带、卅等),可以多撇重叠(往、彩等),都可以通过调节达到匀称、平衡,唯独对捺的书写有一些自然控制。

5. 字不双捺:捺是一种支撑撇的辅助笔形,汉字书写一个字中一般不出现两个捺,这就是"避重捺"的规则。例如:

木—架—茶　水—汆—黍

良—浪—食

"木"放在"茶"下捺变点,"水"放在"黍"下捺变点,"良"放在"食"下捺变点,都是因为有两个捺的缘故。

现在我们来梳理一下关于笔画书写的有关概念:

介绍了笔画的书写规则后,接下来,我们还要介绍另一个汉字书写中的重要概念——结字。结字也叫结体,是笔画书写完成整字后全字的结构状态,也是一个字是否美观的重要因素。树立结字的观念是非常重要的,和写文章一样,所谓"窥见全豹"。下笔时没有全局的观念,整字就会变成笔画的堆积。练字先看字,就是为了事先具有对全字的认识。汉字结字的总体要求是稳妥匀称,疏密得当,错落有致。一般来说,我们可以从外部轮廓、部件布局、空间疏密、全字重心四个角度分析结体的规则。

首先是外部轮廓,汉字被称为方块字,仅仅是因为它是两维度造型,但它的实际轮廓并不都是正方形的。以几何图形来衡量轮廓,规则的轮廓就有多种:

正方形:國(国,外框决定)、朋、器、辨(部件均匀组合决定)

三角形:立、人(正三角),丁(倒三角)

梯形:品、昌(正梯形),宙、冒(倒梯形)

多边形:吾(六边)、古(五边)、伞(菱形)

……

不规则的更多。这样观察轮廓,不是为了让写字的人用几何图形来规划汉字,恰恰相反,是为了不要误解"方块字"的意义,只求把每个字都写得四平八稳,而忽略了结字多样化的特点。

其次是部件布局。写字虽然不按部件写,而是用笔画全面布局,但是字写好以后,与部件的摆布却有直接的关系,写字与汉字的平面图式有直接的关系。汉字的部件在两维度的平面上展现的位置关系的类型,称作平面图式。其类型的划分是参照数学的拓扑图式界定的。这种图式的类型已经制定了国际标准,下面第一个表2—12项,就是平面图式国际标准确定的11项,第一项是独体字,国际图式没有列出,第二个表也是即将补充进国际图式里去的。

表一:

编号	图式名称	图形表示*	小篆代表字	楷书代表字
1	独体	□	鼎米	鼠五
2	左右结构	吅	湄江	明钟
3	左中右结构	皿	流辨	微衍
4	上下结构	⿱	𠷮雷	旦觅
5	上中下结构	三	侖累	冀竟
6	全包围结构	囗	回囚	图囵
7	上三包围结构	⿵	間冏	冈同
8	下三包围结构	⿶	凶臼	函凼
9	左三包围结构	⿷	匠匜	巨匡
10	左上包围结构	⿸	麻房	床仄
11	右上包围结构	⿹	司司	句勿
12	左下包围结构	⿺	延	这建

* 表中编号2-12的11种"图形表示"由unicode字符集国际编码所定,独体字图形表示为作者后加。

表二：

编号	图式名称	图形表示*	小篆代表字	楷书代表字
1	品字结构		品	鑫
2	田字结构		叕	叕
3	多合结构		器	器
4	框架结构		夾 巫	噩
5	上下多分结构		糶	爨

* 此表补充的五种"图形表示"未定。

部件的结构有多种类型，但是就空间的分布而言，部件的平面图式虽可以合乎字理，但笔画的分布是不均匀的，因此，产生了汉字书写时疏密的调整。我们讲过，"颖"本来是从禾，顷声，却把"禾"放在了"匕"之下；"疆"本来是从土，畺声，却把"土"塞在了"弓"字下面。这种处理，都是为了部件布局的需要。部件布局讲究的是均衡和美观。

再次是空间疏密。汉字的书写，讲究空间的疏密得当，笔画少的部件，要给笔画多的部件让出更多的空间。这种对部件空间比例的调整，传统的说法叫"让就"。但是，汉字的空间分布并不以完全均等为原则。楷书在自然书写时常常是左紧右松。左右结构的字让就一般符合左让右大于右让左，使整字的重心稍稍偏右一些。用下面的例子来说明这种现象：

	讓	嚷	壤	瓤	攘	扛	扣	打
笔画比	7：17	3：17	3：17	17：5	3：17	3：3	3：3	3：2
空间比	3：5	3：7	3：6.6	3：2.8	3：6.2	3：3.5	3：3.2	3：3.5

在第一组字中,左边的"言、口、土"的笔画明显少于右边的"襄",因此,"襄"占据了字形中的大部分空间。但在"瓢"字中,"襄"到了字形的左侧,在左紧右松的书写规则之下,"襄"给"瓜"让出了很大的空间。再看第二组字,在"攘"字中,左边的"手"的笔画比右边的"襄"少很多,因此要给"襄"让出空间。但到了"扛、扣、打"中,左右部件的笔画基本一样,还是左紧右松,整字重心偏右。

汉字为什么会产生这种突出右边的格局呢?一方面,这与书写的心理有关,写字先写左边,写的时候要考虑给右边留下余地,不要写不下了;因此,汉字形体往往是突出右边的。另一方面,这种布局和汉字的结构字理也有一定的关系。汉字的形声字一般是左形右声,我们讲过,形符是表示类别的,没有区别作用,而声符则是汉字的区别因素。因此,在识别汉字的时候,人们一般更加关注于字形结构右侧的声符,这也是导致汉字右边空间宽大的一个重要的原因。

唐 欧阳询
《皇甫府君碑》

在上下结构的汉字中,部件之间具有一种"承覆"关系。"承"是上部件小于或窄于下部件,下部承托上部。例如"奇、呆、集"等字。"覆"是上部件大于或宽于下部件,上部覆盖下部,在上下字形交接部位呈"人"形的汉字中,这种现象格外明显。例如"奈、合、令"等字。我们看到,无论如何承、覆,无论笔画是否均匀,就其笔画多少的比例而言,永远是上紧下宽。右栏是楷书字汇中摘下的四个"奇"字,上紧下宽的比例分配是很明显的。

北魏
《张玄墓志》

最后,是全字重心,汉字结字的特点还表现在重心的安排上。重心与疏密布局有直接的关系,不同的字体重心是有些差异的,小篆的重心偏上,下部比较宽绰;楷书的重心仍然偏上,但略微向中心移动,启功先生说,重心大约按0.618的黄金分割

柳公权
《玄秘塔碑》

北魏
《元显儁墓志》

来取点。一个字按黄金分割取重心，会产生一种自然美感，这也是汉字自然美化的结果。我们选择"德、当、无"三个字，可以观察到上紧下松的总规则。感受到上下分割的大致比例和重心略微偏上的书写特点。

上面讲到的书写规则，不仅是书法家的事情，和我们大家也息息相关。运笔和结字的规则首先是汉字书写的自然美化，它们的发明权不是书法家，而是全民大众。从古代最先掌握汉字的史官，一直到我们今天使用汉字的每一个人，遵守了书写规则，才能把字写好。汉字书写的手法，以其自然美化为基础，是社会书写在汉字规律的制约下形成书写习惯，习惯被总结成规则。尊重汉字规律的书法名家对这种现象的形成起到一定或重要的推动作用，但他们不是发明家，仅仅是社会书写者的一员。

培养全民写好汉字不是为了把大家都培养成书法家，而是要让中国人从小就懂得写好汉字，提高文化素养。上面所说的规则不是讲讲道理就可以做好的，还要有一定的训练。写字教育要及早加强，只有识字、写字并重，才能提高汉字教育的境界，提高鉴赏眼光，感受古代传统文化的魅力。

如果有人对书法艺术产生兴趣，希望成为书法家，也必须知道，书法能够成为一种艺术，离不开书法家的道德品质与文化心态。中国古人从来不是以形论字，而是要兼及内容，重视内涵，讲求文化深度，展现审美底蕴。一个好的书法家，应该做到心地纯正，审美高超。所以，扬雄才会有"书乃心画"之说，司马光也说，"字，心画也，手法也，见字如见其人"——一个人的性情与品质，是可以反映在他的字中的。因此，我们虽然不必都成为书法家，但也要有"心画"、有手法，也要字如其人，在这一点上，是不能降低要求的。

书法教育要有基本功的训练，在孩子学习写字的时候，要经常提醒他注意书写规则——"你看这个字,像不像一个歪歪扭扭的建筑物,快要倒了,不好看!""还有这个字,上面特别大,像不像一个短腿的人?"经常提醒,让他潜移默化地掌握规则。我们提倡创建书写汉字学,就是要让书写教育在一定的阶段具有理性化——只有理性,才能普及。

也许有人会说,我们有了计算机,可以不用写字了。这一点我是不以为然的,我们在和朋友交流的时候,尤其是给父母、长辈写信的时候,用笔写下的文字和电子文档相比,具有更为丰富的内涵——你的性格与情感、亲情与友情,都凝聚在笔下的方寸之间。这种微妙而亲切的感受,是计算机书写永远达不到的。我们提倡书写教育,是为了让小孩子习惯写字、乐于写字,拿起笔来不会有一种陌生感。这样的话,即使是在计算机时代,汉字的书写与书法也不会遗失,我们的书写规则和从中滋生出的书法艺术,也会越来越好。这样,我们就实实在在地维护了中华民族的文化瑰宝——汉字!

现场问答

问：我是一名书法教师，主要是教小朋友学习书法。在教小朋友的过程中，我发现，在书法老师教他们习字时，孩子们很快乐。无论是毛笔字还是硬笔字，他们都能把汉字写漂亮，并且很有成就感。但这种成就感，在学校得不到一些老师的认可，尤其是小学生，有的老师认为，字写整齐、卷面别丢分就够了，还有一些老师并不鼓励孩子们把字写漂亮，写出个性，写出孩子那种童趣。这种现象您觉得该怎么看，又该如何解决？

答：这是我们的书法教育还没有很好地走向正轨的一个表现。其实孩子们如果字写得好，是应该受到表扬的。字写得好与不好，美与不美，应该是一个孩子是否具有良好素养的重要表现。

我们从2015年开始开设小学、初中的书法课，每周一次，让孩子们写毛笔字，这个书法课的课程设计，并不是放在艺术课程中，而是作为语文课的一部分，安排一定的学时专门练习。这不是社会上人们所说的"书法艺术"，只是书写教育，要和语文老师的识字教育配合。其实说透一点，写字不仅是语文老师的职责，而是所有老师的职责。作为一个数学老师，当你在黑板上手写一个题目或者运算公式的时候，不应该把字写得工整、完美吗？字是教师的"门面"，所以，不管是什么科目的老师，都应当先练好字，这是应该的也是必要的。只有所有老师都去关心孩子的字写得好不好，社会才能形成重视书写的好风气。

当然，我刚才强调，书法教育不是为了让每个人都成为书法家，但是字写得整齐、美观，笔法、字法、章法都有规矩，这是可以通过练习做到的。练字没有那么难，只是看你练不练。

老师不关心孩子写字，对写得好的孩子不鼓励、不表扬，对写得不好的孩子不提醒、不帮助，都是失职。学校教学中每一科的老师都要关注识字、写字，语文老师更要特别做好写字教育，社会上每个人都把写好字当成自己的一种修养，刚刚那位老师提的问题，就应该可以解决了。

问：谢谢王老师！我接着刚才那位书法老师的问题说，现在很多家长把书法当成孩子的一个重要的业余技能。甚至不单是书法，也包括音乐、美术等，导致孩子们疲于应付很多的辅导班。您觉得这种现象是我们在美育教育上的一个进步，还是现今社会浮躁心态的另一种表现？

答：这是个社会问题。我们现在很多家长都希望小孩具备一点业余特长，于是就督促孩子课外去上器乐、绘画，甚至于体育、武术之类的课。学书法成本不高，不像盖房子，需要建材和土地。写字只要一张纸一支笔，它很容易实现。而且书法写得好，还可作为一门特长，培养孩子们的艺术修养，表面看起来这不是坏事。但是，现在的问题是，这些"特长"带有太大的功利性。很多家长把这种所谓的"培养"当成孩子中考、高考进阶的手段，为了一种太现实的目的，甚至不顾孩子的爱好和意愿，不惜增加他们的负担，强行领着他们去学这个，学那个，没有一点休息的时间。艺术是一种审美，一种精神的充实，如果目的是考试加分、上电视出风头、到了班上去自骄于人……这样，不但艺术会变味，还会无形之中养成孩子内心的无谓争强、自我扩张、侥幸取胜等积习。如果一个家长从这样的功利目的出发，是绝不可能把孩子教育好的。

那么，是不是不要培养孩子的兴趣，加强他们的体验，以弥补学校教育的不足呢？我觉得，现在的学校教育并不都那么成功，师资不充足、内容不丰满的情况难免存在，家庭和社会教育配合、补充都是必要的。最好的办法是深入了解孩子的客观需要，顺着孩子的个性引导他们的兴趣发展。如果他练钢琴练得厌烦了，那就别再叫他练了。尽管钢琴是一种非常优美的键盘音乐，对韵律感、节奏感、抽象美感的形成都有好处，但如果在相当长的一段时间里仍不能使孩子真正投入，甚至使他厌烦，何必勉强他！家长的功利心越强，就越不耐心，督促孩子也就越没有说服力，弄不好还会使家庭关系紧张。所以，出于功利目的是当不了教育家的，也当不了好家长的。

不过，写字和其他课外兴趣还有一点不同。写好字是一个有文化的人的基本修养，让孩子安安静静坐下来，高高兴兴练练字，养成爱写字的习惯，对孩子自己、对整个家庭、对周围环境，都是有好处的。

问：王老师，刚才您讲的观点，我非常赞同。对于目前的书法和汉字教育，我有几个想法。

目前，书法艺术和功利掺和起来，这个矛盾非常尖锐。据我所知，有一位知名书法家的学生，打着老师的旗号，把自己写的字来当作商品出售。跟他交往，一平方尺就要两千元润笔费。过去中国那些真正的书法大师们，他们从来没有把自己写的字当作有价的商品去交换，而是把书法作为一种情感交流和教育别人的手段去进行馈赠。这些人在中国历史上，都有非常高的声誉。但是，现在有一些所谓的艺术家，公然把作品当作赚钱的工具。我觉得这是歪门邪道，是不值得提倡的，这是其一。

其次，您刚才讲到另一点，就是字如其人。恰好今天在来听课的路上，我跟儿子同行了一段路，路上我就对他说应该把字练好。我说的也是"字如其人"。在社会上跟人通过书面交流的时候，如果你的字写得非常干瘪，人家一看就觉得你心胸狭窄；如果你把字写得非常工整漂亮，别人在感觉当中，对你的信任度也会提高。所以说，汉字不光有实用的记录功能，实际上还有人格、道德上的内涵体现在其中。由此，我就跟我儿子说，你一定要把字练好，这样会利于你在社会上的交往。

答：是的，您说得非常好！关于书法讨价，已经不是个别问题，而是变成一个社会问题。艺术和功利应该是不能够兼容的，艺术本身应当是很纯洁的东西。艺术品可以论价，但不能自己定价，艺术不是一点功利都不能沾，有时也会附带一些功利性的价值，但是它的主要目的不能是功利的。

作为纯粹商品的艺术必不会是好艺术，但艺术的价值要由欣赏者去评说，不是自己把价格明码标出来，甚至把字的价值跟自己的职务联系起来，这就是腐败，更不应该了。书法作为一种艺术。我们要避免动机上的功利和把它变成一种纯价格的商品。

对于写字，家长们的心态也一定要放平和，把写字看成一种文化素养，这种心态是最好的。你的孩子站出来，他穿着得体，举止有礼有节，而且字也写得好，这孩子谁都会喜欢。我想要把一个孩子培养得非常优秀，这就不是功利了，纯功利就会害了孩子。我们让孩子在他有选择或者已经产生兴趣的情况下，多懂一点艺术，这绝对是应该的。但是我们不要忘了，孩子在成长过程中的精力和体力都是有限的，要给他一些自由空间。爱惜一个孩子，就不要让他在开始成长的时候背负太多功利性的负担。如果他身心都健康，那长大了一定会有出息。

我们目前的教育制度存在一定的问题，导致家长怕孩子在应试教育中失利，不得不冲着功利目标去。如果哪个学校说不认识2400个字就不让你的孩子上幼儿园或一年级，我的意见你别送他去，这只能说明这所学校不懂教育。现在我们的教育在改革，希望会向更好的方向发展；但是要找到一种最佳的教育方式，去应付今天这样一个知识爆炸、竞争压力很大、不定的因素增多的时代，要靠大家的努力。怎样把孩子培养成一个能适应现代社会，而且心地善良、有审美感知能力的人，这是全社会面临的问题。

问：王老师，您好！我今天是带着孩子来的，我想请问，您能不能推荐一些适合培养小学高年级学生兴趣的书籍，让他从汉字学习中得到一些乐趣？谢谢！

答：推荐书籍的事，如果要我现在说出几个书名，恐怕也有点困难。因为一本书到底科学不科学，它的学术水平和学术境界是不是很高，这些都关乎它所能达到的效果。所以，我们把这样一个问题委托给国家图书馆，请国家图书馆来推荐一些相关的书籍。我们也愿意在国家图书馆推荐书的情况下，为这些书写一些书评，来介绍一本书好在什么地方，以及大家应该怎么去学习。

另外，关于学生的书法教学问题，我也想告诉大家，目前已经有十一套适应每个年级的书法教材，刚刚通过审读。我也参与了书法教材的审读工作。总体上说，这些书法教材编写得不错，并不完全是用作课堂练习，还有一些可以阅读、扩展知识的内容。现在，书法教育刚刚起步，进入我们正规的教育中，我们国家也非常重视这些问题，我想，将来书法课程的建设，会越来越圆满，也请大家一方面要有点耐心，另一方面也作为一个建设者，一起来努力。

问：今天很幸运带着我的孩子，一起来听您讲授汉字的书写。同时，我也非常想表达对您课程的感谢，听完您的课后，我有很多的收获和启发。

比如说，您刚才提到孩子们在小学写错字，然后被罚写的例子，我的孩子也曾经有过这种情况，但是老师不会罚很多，一般也就是五遍、十遍。而您刚才提到的笔顺问题，我也知道，现在北京的中考大纲中，就要求孩子记住笔顺。刚才您说了之后，我也明白原来笔顺只要记住规则就行了，定得那么严格实际上是为了给汉字排序。

我的想法是，我希望我的孩子能写一手好字，学校也会有相应的课程和练习。但是我感觉，目前我的孩子的书写，还没有达到预想的目标。除了您提到的我可以经常提醒他一些汉字书写的特点，带着孩子去报一个书法班，我还应该如何指导他，是否还有一些其他的更好的可操作性的建议？

答：从下个学期或者明年（2016年——编者按）开始，在基础教育中的书法教育的问题，会慢慢加强，我们正在努力做到这一点。

目前，家长们带着孩子们去报班，确实是由于不得已，因为有一些学校没有很好地完成它应有的教育目标，家长们又希望孩子有竞争力，所以都很着急。我想大家选择一个班，一定要看它是商业的还是教育的。什么是商业的？就是以高价挣钱。现在大家最舍得花的钱是教育经费，因为教育也像一种投资，希望能得到回报。但对家长来说，请不要这么想，你的孩子能够快乐成长，是最重要的目标。在自己力所能及的情况下，有各种各样的途径给孩子提供一些可能性。报班的时候，一定不要上那些商业操作方面的当。目前，我们很多家长盲目地去报班，所以辅导班涨价涨得吓人。我想，在报班之前，家长要去考察一下，辅导班是不是在真正地教给孩子一些好的东西，等考察完了你再带他去。一般来说，有志于教育的人，也不会用商业和高价的办法去操作。

对孩子的教育，我们不应当对他有破格的要求，如果别人认五个字，我就一定要让孩子认五十个，那不是竞争，而是给孩子"加码"。如果什么都给孩子加码，孩子的负担太大，学习的兴趣也会降低。我觉得让孩子做一件事情，首要的是，他很喜欢，做得高高兴兴。而且，有一两件事情他高兴了，别的事情他也会做好。不一定说，非得给他报五种艺术班，他才会懂得什么是美。

我想，家长们要把心态放好，对社会上的问题要有一些辨别力，对信息也要学会过滤。什么叫过滤？商家说，我这儿好得不得了，你便要弄明白，他说的是真的还是假的。一个家长和一个孩子要能够过滤信息，知道信息的真实性有多少，这是我们今天生活必须具备的能力。

问：王老师，很高兴听了您的讲课！我是从事书法创作的，现在也兼职做小学书法的课外辅导老师。刚才这位家长的发言，我也很受启发。在我教授书法的过程中，我也看到孩子们是怎么一步一步走过来的，所以我体会到，孩子学书法不一定能立竿见影。刚才王老师讲得非常好，把书法当作一种修养，可能是要用一生来完成的。

书法的学习，不仅包括把字写规范，在这基础上，要教给他如何临帖，欣赏书法艺术。我觉得，作为家长也不用太着急，只要孩子掌握了学习方法，写好字或者懂书法艺术，是早晚的事情。我就说这几句话，谢谢！

答：好，谢谢这位老师，他说得非常好！

问：王老师您好！我是一名来自甘肃的八〇后，我有两个问题，想要咨询一下。

首先，是关于三个网络词。一个是"囧"，一个是"神马"，还有那个"duang"，这三个词您之前做过分析。对于"神马"，我认为，它像火星文一样，我们可以不去理会。但是对于"囧"字，我想说一下我个人的观点。虽然它的本义有"明亮"的意思，但我觉得不管是从形，还是从人们的理解，大家对它"窘迫"义的认识已经成熟。我觉得它完全可以取代窘迫的"窘"，毕竟我们社会的发展，字有不同的含义也很常见。比如说"象"可以代表动物，也可以代表《易经》里的一个卦象，还是象棋里一个棋子儿的名称。我查了一下这个duang字，网上竟然已经有了它的字形：龘。这个字，上边一个成，下面一个龙，"成"字加了一个燕尾，就像豆腐的"腐"字一样，把成字那一撇给拽下来了，然后把那个龙字塞到里头去了。这应该是新创造出来的一个汉字。不知道是谁捷足先登，也非常有争议，它可能会改进吧，但是我认为这两个字肯定不会消失，因为它的意义已经广为人知了。

其次，关于汉字的局限，我查了下《新华字典》，里面收录的汉字有一万多个。如果算上古籍里面的字，包括正、草、隶、篆里面不同的字全部加起来，也不过一两万个；而和汉语作一个对比，在《新英汉辞典》里的英文收词量已经达到了十二万条，《牛津辞典》里面收词更是达到四十一万条。相比之下，我们的汉字量太少；我们的社会在飞速发展，但汉字似乎没能赶上英文的造词速度。过去对于文字不重视乃至不尊重，造成了汉字文化的保守，以至于我们没有及时地造字，去传播西方的先进事物。而汉字文化的落后，也造成近代的百年耻辱。不知道王老师对于这种观点怎么看，以及我们应当怎样去对待新字？

答：关于这个问题，我有三点意见。第一个意见，一个字或一个词能不能够存留，主要看它的发展。我们要在一个大家都承认的层面上考虑，它能够存留长久，就是它有多强的生命力；您可以推测，将来由事实来证实您的推测对不对。一个词和一个字能否存留，是有原因的。一方面要有社会的环境，另一方面，也要有必要的条件，约定俗成，为多数人所接受。一个字的命运和一个人的命运一样，都要经过大众的检验。您的问题让我想起一件事来，有一次在北京市第六届人大的一次会上讨论一个文件，其中有"开局之年"的用语，同组的很多代表都让我去反映，他们说："'开局'这个词不好，是从赌博里来的。"但主席团没有接受这个意见，他们说："'开局'就是打开一个局面，与赌博无关。"从首次把这个词用到实施规划上，到现在二十多年了，这个词早已经被大家接受，没有异议。所以，有些新词能不能通行，要看一看，不能保守。不过，duang这个词，由一个"成"字和一个"龙"字组合在一起，有了字形，但字理不明，从音节上说，这是一个普通话中不存在的音节，不是传统的语音结构中就有的，意义也还不怎么明确，能不能进入普通话，我个人是不看好的。

第二，英语面对现在飞速发展的社会，汉字能否够准确地翻译？我想，说得准确一些，应当说，汉字承载的汉语书面语是否胜任对英语的翻译？用汉字和汉语去翻译英文，跟用英文去翻译汉语比较起来，它的能力是丝毫不差的。并不是我们落后到汉字、汉语根本不够来翻译英文。大家如果找英语系，或者专门做翻译的人来，他们的感觉也应该差不多。汉语的词语并不贫乏，没有产生新字，并不等于说没有产生新词。双音化已经成为如今汉语词汇发展的一个趋势。即使它很少增加单音语素，也同样增多了新词的产生。不同语种之间的翻译，无论是汉译英，还是英译汉，难度在于语言具有民族特异性，字词的内涵积淀了很多民族文化的独特意义，这些地方彼此都有不容易对译的地方。不同的国家和地域之间交流的过程中，都要吸收其他国家和地区的一些词语，所以，大家是共同进步的。不过有一点是需要明确的：一个国家民族历史越长，积淀的文化越深，累积的词语也就越多，语言的丰富性也就越强，翻译的能力当然也会越强，这一点，中国不会落后。科技方面的翻译，只要真正引进了，翻译是完全没有问题的，反而是人文的事物难以翻译。比如：汉语中的"阴""阳"，常常出现在中国地名中，和中国地形有关，山之南、水之北是阳，水之南、山之北是阴，外语难以翻译出这个意义，也只能音译了。我曾经参与过中国的非物质遗产名录的制定工作，有些项目翻译很难。比如甘肃、青海有一种民歌叫"花儿"，也叫"少年"，怎么翻译成英语？既要显示是民歌野曲，又要保留原意，难透了。比较起来，用汉语翻译英语，还是很胜任的。

第三，关于网络词的问题，在朋友圈儿、网友之间，有些词语只要不是污秽和暴戾，使用也没什么，无法禁止。但是在正规的场合里和规范的教育中，用语宜于雅致、准确，一方面是因为礼貌，有修养，更重要的是避免影响信息传递的速度和信度。这个问题，恐怕我们都要从整个国家的文化发展来考虑。

第七讲

20—21世纪汉字问题大辩论
——汉字改革和简繁字问题

在这一讲中，我们围绕着20至21世纪汉字问题的大辩论，讲一讲汉字改革和简繁字的问题。

汉字问题，是一个非常重要而又复杂的问题。在19世纪末20世纪初，汉字改革问题成为当时文化论争的焦点之一，关于汉字的兴废，曾经有非常激烈的讨论；新的世纪之交，随着信息化技术的发展，汉字在进入计算机时，曾经也面临困扰，问题的讨论到今天还在延续。这些事实都说明，妥善处理汉字问题，直到今天仍然是一个非常重要的问题。

为什么汉字改革、汉字的简化，会成为文化史、社会史中的突出问题呢？汉字作为一个与传统密切相关的文化事项和工具载体，要随着社会的发展走向现代，诸多的矛盾也就集中在它的身上，这就使汉字问题在近现代的矛盾分外突出，成为文化史、社会史的核心问题的十分深刻的原因。

汉字是具有民族形式的、适合汉语的书写系统，它自己本身也是一种文化事项。在古人心目中，汉字的地位非常重要。许慎曾经在《说文解字·叙》中说"文字者，经艺之本，王政之始"，这是从文字的功用来说的。"经艺之本"，是说人的学问、知识水平、文化素养，都以对汉字的认识为基础。而"王政之始",是说一个国家的政治、经济、管理,都要依靠汉字来记录、传达和实施。许慎还说,文字的作用在于"前人所以垂后,后人所以识古",这是说汉字作为书写的符号系统,能够超越时间的限制,将文献流传给后代,也可以使后代通过阅读,去了解前代丰富而漫长的历史。由此可以看出,自古以来,中国就是一个崇尚文字的国度。不论是在宫廷还是民间,人们对文字都有深厚的感情。

据文献记载,周代的宫廷教育,开设"六艺",也就是"礼、乐、射、御、书、数"这六门不同的科目。从教育制度来看,周代把教育分为小学和大学两个阶段,"周礼八岁入小学,保氏教国子,先以六书",也就是说,八岁的时候,宫廷中的皇家子弟就进入小学阶段的学习,他们由"保氏"担任老师,先教授"六书"。"保"是养育、管教的意思。保氏的职位,实际上相当于小学老师的身份。"六书"指的是象形、指事、会意、形声、转注、假借,这自西周就提出的汉字分析条例,汉朝人比照规范过的小篆,量身定做了"六书"的定义。"六书学"就成了"汉字学"的代称。"六书"和汉朝人的定义让我们大致了解周代汉字教育的宗旨,那就是认识汉字并知其义。知字义和通文意是不可分割的,"书"与"礼、乐"就紧密相连了。"书"和"数"的关系也是非常密切的。小学阶段要学习的"数",相当于今天的数学。中国的数学发端很早,是从生活和生产以及祭祀、战争、外交、管理等实践中发展起来的。表现形式是"应用题——解答运算——运算规则(公式)",《周礼》归纳的"九数",指的就是《九章算术》,古代的数学,也是用语文的方式编写的。像《九章算术》这样经典的数学课本,不论是实际应用的题目、解答运算,还是规则公式,都没有符号和运算式,全是用汉字书写的话语表达出来的;所以,识字和阅读也是"数"的基础。到了十五岁后,宫廷子弟们就进入大学阶段的学习。在这一阶段,除礼、乐外,还要学习射和御。古人采用车战方式,这是武科,军事训练。武科的训练也是以"道"为基础的,不可能脱离书面文献的研读,没有"书"也是不行的。汉字因为是学习一切科目的基础,被称为"小学",但它的重要性无可比拟。

在汉代经今古文之争的背景下,"小学"的地位进一步提升。这要从秦始皇统一中国后的"焚书坑儒"说起。秦人以吏为师,当时的焚书,并不是要将所有的典籍都焚毁,而是把这些典籍保留在宫廷府库之中,但同时严格遏制书籍在民间的传播。秦代的法律有《挟书令》,这条法令规定,普通百姓严禁私藏《诗》《书》和诸子百家的图书,如果违背这一条法令,就会被灭族。由于这是很重的刑罚,秦代民间的图书流传就大部分中断了。汉代初年,沿袭秦法,直到惠帝时,废除了《挟书令》,政治上开始了"罢黜百家,独尊儒术"的时代。这就意味着对儒家经典的解读、普及,是当时非常迫切的任务。当时的经书主要有两种,形成了两种不同的经本——"今文经"是经生口耳相传,用当时通行的文字也就是隶书写的;"古文经"主要是指孔子后人在孔子壁中发掘出来的战国时期的竹简,人们称为"孔壁中书"。孔壁中书的文字,有的称为"蝌蚪古文",今天的古文字学家,一般认为这是战国时期的东方文字,与隶书不同,当时就称为"古文"。经本的不同,在文献的解读方法上也有差异,就形成了两种"经说",时有辩论。古文经学家解读经书的主要理念是从汉字入手,依靠古文字的字理,还原古人的真实思想。这种理念形成了古文经学重视文字的特殊风格。《后汉书·卢植传》记载,东汉末年的经学家卢植给朝廷上书,有一段话很能说明汉字的地位,他说:"古文科斗近于为实,而压抑流俗,降在小学。中兴通儒班固、贾逵、郑兴父子并悦之。今《毛诗》《左氏》《周礼》各有传记,与《春秋》相表里,宜置博士,为立学官,以广圣意。"这段话的意思是说,用古文写的经书,与事实原貌是符合的,古文经学家对这些文字已经有很深的研究,但是地位只在民间,被贬低为"小学"。他希望把古文经学的《毛诗》《左氏》《周礼》这些经典的解读列入当时的太学。卢植的这次上书很快奏效。可以看出,"小学"在解释经书上的独特作用,使它取得了和儒家经典几乎同等的地位。

不仅先秦、两汉如此,汉字的崇高地位历代传衍,日渐巩固,这可以从多方面得到印证。古人解经的体例是先有经的白文,之后是汉魏时人的注释,到了唐代,又有唐人所做的疏证,既要疏通正文,也要对前代的注释进一步疏通,这属于对典籍的"再度注释"。这些解释都要以汉字的形音义作为基础。

科举考试进一步强化了汉字的作用。历代科举取士,都要首先规范汉字,所以历代会立标准字形的石碑,唐代有字样之学,就是首先要求学子写对字、写好字。传说科举考试阅卷时有所谓的"脑后卷",凡是写了错字或者字写得不端正的,不论内容如何,考官都抛到脑后,不予入选。历来的中举者都写一手好字,而且很多人都成了书法家,汉字的地位自然不断提升。

说到对汉字重视的传统,还不能忘记18世纪至19世纪清代的乾嘉学派,那时的经史考据之学兴起,以戴震、段玉裁、王念孙为代表的一大批学者,继承和发展了汉、唐的经学和"小学",通过大量古文献的整理和研究,对汉字学做出了卓绝的贡献,使识字、写字、正字、解字、读字都回到了汉代的标准。当时也有将他们的学术称为"汉学"或者"朴学"的。他们站在学术的高峰，使传统的汉字观得到又一次巩固。

而在民间，即便普通的百姓无法掌握太多的文字，但他们也崇敬汉字，尊重会写字、写好字的学人，直到民国时代，"敬惜字纸"这样的纸帖，还经常在公众场合张贴。我读小学时，这四个字，是经常在墙上看到的。这也说明了重视汉字的观念对民众心理的浸透。

汉字的绵延不断，对中华民族凝聚力的形成和五千年历史文化的传衍，起了很大的正面作用。也幸亏有了汉字，不但超越了时间和空间的限制，也使得极少数民间的能人学会了写东西，民间的医方、绝技、食谱、歌谣、传说……都有赖汉字得以保存。

但汉字在长达数千年的皇权社会中，由于被宫廷和少数文人占有，暗含着两个不适合新时代的因素，那就是垄断与复古。汉字的垄断也就是文化的垄断，文字只能被少数人学习和掌握。下层民众多数没有学习的机会。民国初期，国内的文盲要占到80%以上，文化教育显示出极大的不平等，这与汉字的复古和垄断是相关的。民国以前正统的文本大都是文言。文言早已不是适用的口语，是模仿先秦语言刻意而为的书面语，这种书面语不经过严格的训练是写不好的，加上其中的用字，也有刻意求古的倾向，使汉字变得非常难学。

19世纪至20世纪，民主革命取得了初步的胜利，政治上推翻了帝制，尽管复辟的逆流一直不断，军阀混战连年不绝，但是，建设一个民主富强的国家已经是一股无法抗拒的潮流。五四运动和新文化运动，都属于以爱国知识分子为主导的反帝反封建的民众运动。而要想建设民主的政治，文化教育的普及是必备的条件，汉字的垄断与复古便成为实现理想最大的障碍。

首先摇撼传统汉字观念的，是清朝末年极少数懂得西方拼音文字又关注教育普及的知识分子，他们主张对汉字进行改革，产生了不少尝试拼音、拉丁化的著作，还诞生了一套丛书。这里我想主要介绍两个代表人物，即卢戆章和王照。

卢戆章（1854—1928），字雪樵，又字雪庵，厦门同安古庄人。1874年卢戆章前往新加坡半工半读，专攻英文。1878年回到厦门，住在鼓浪屿日光岩下，应英国传教士马约翰的聘请，帮助翻译完成了《英华字典》。卢戆章曾经参加过科举，又专攻过英语。1892年，他写成了第一个中国人创立的拼音方案《一目了然初阶》，在这一方案的原序中，他发出了"中国字或者是当今普天下之字之至难者"的感慨。卢戆章以为："省费十余载之光阴，将此光阴专攻算学、格致、化学以种种之实学，何患国不富强也哉！"他认为，当时中国的实学也就是科技落后，是因为大量士子在学习中文上费了很多功夫，他希望学子能通过学习拼音，减少在中文学习上的时间，就能更好地学习西方科技文化，来推动国家的富强。

卢戆章

王照（1859—1938），字小航，号水东，直隶宁河（今天津）人。他是光绪进士，也曾参加过维新变法。光绪二十四年（1898），变法失败，慈禧太后下令捉拿维新派的骨干分子，王照闻风后，就逃亡日本，后又潜回天津隐居。他在晚年力主"教育救国"，并从事官话字母等学术研究，著有《水东集》《小航文存》。在日本避难的两年中，王照受到日本假名的启发。在1900年秘密回国后，他用笔名发表了双拼制假名式拼音方案《官话合音字母》。王照提出，他的方案"虽为贫人及妇女不能读书者而设，然若读书人习之，以备教人，且与下等人通书

王照

信亦甚便也"。也就是说,这是为了普及给下层民众而发明的一套拼音方案。之所以要推广到下层,是因为汉字的复古与垄断,确实是当时一个非常重大的问题,造成下层民众和上层知识分子的脱节。

晚清的拼音尝试,是第一场关于汉字问题的争论。其核心问题,是使汉字更好学、更好认,让它面向大众。由于汉字是表意文字,形声字的声符因时代变迁和方言差异,表音的机制已经很小,因此,当时的主要问题是为汉字设计拼音,使学习者能够更好地把汉字和口语联系起来。晚清的这场关于汉字教学方法的争论,在当时既有同意,也有反对的声音,但总体说来,矛盾并不激烈。

第二场争论,则是关于汉字的兴废之争。以吴稚晖与章炳麟为论争双方的代表人物。回顾19至20世纪之交关于汉字的诸多争论,这场论争,就理论的层面而言,是最为激烈和深刻的一场。

1908年,巴黎的中国留学生主办的无政府主义刊物《新世纪》第四号,发表了吴稚晖的《评前行君之"中国新语凡例"》一文,鼓吹中国应完全废除汉文、汉语,主张中国人都改学"万国新语"。所谓的"万国新语",也就是今天的世界语(Esperanto),这不是一种自然语言,而是人为编辑的一套以拉丁文法为基础,尝试推动世界语言统一的语言。虽然在今天仍然有使用、学习世界语的学者,但吴稚晖当时的主张,实际上是要全面地废除汉语和汉字。

同年,章炳麟在《民报》上发表了万言长文《驳中国用万国新语说》,对汉字的优劣和是否能够废除的问题,进行了针锋相对的论争。章炳麟(1869—1936),原名学乘,字枚叔,后易名炳麟,又改名绛,号太炎。

章炳麟

他是浙江余杭人，也是清末民初伟大的思想家、国学大师和民主主义革命家。他对传统语言文字学有深厚的研究，曾著有《新方言》《文始》《小学答问》，上探语源，下明流变，也有颇多创获。在这篇文章中，章太炎主要有三个观点：首先，他认为汉字没有表音机制，和西方语言比，书面语与口语不容易沟通，对于入门阶段的普及来说，汉字学习确实有一定的难度，因此，需要制定一套标音符号来辅助扫盲和初等教育。在文中，他提出了用汉字的偏旁、古文作为注音代表字的构想，这也成为后来民国初年制定注音字母的基础。其次，他认为汉字是适合于汉语的，而且汉字和中国的历史文化，存在着难以分割的关系，因此，汉字不能废除。与拼音文字比较，汉字的结构与意义直接联系在一起，不与语音直接联系；而拼音文字则与语音直接联系，但不与意义直接联系。汉字和拼音文字，特点各异，优劣互补，因此也不需要废除。最后，在强调便于扫盲教育与初等教育时，还必须考虑到高等教育与高深的文化历史学习。对于后者来说，汉字的功能仍是无法取代的。在学习上，需要简化，不要复古，不要繁难。这三个观点，都比较全面和客观，也有力地驳斥了废除汉字、汉语的观点。

第二次论争，集中在还要不要汉字、要不要汉语的问题。这样，问题已经很尖锐。在此基础上，就有了第三次论争。

1915年，《新青年》创办，拉开了新文化运动的帷幕。1918年，钱玄同发表《中国今后之文字问题》，1923年《国语月刊》出版《汉字改革号》特刊，钱玄同又发表了《汉字改革》的文章，提出了"废除汉字"的口号。钱玄同是章太炎的弟子，也是国学家。他和吴稚晖的废除汉字，背景和立场并不一样。吴稚晖提出万国新语的时候身在法国，学习西方语言，对中国传统文化

钱玄同

只有负面认识;而钱玄同则深入学习过传统语言文字学,因此,他虽然提出废除汉字,却特别指出,文字改革是一件宜于非常慎重的事情。他曾提出了十项筹备事项和五项"补偏救弊"的办法。他说,改用拼音字母需要十年的准备,这是一种谨慎、缓慢的做法。仔细想来,如果天假其年,钱玄同真的这么做下去,做到一定程度,他也会觉得废除汉字是不可行的。因为一旦真的废除了汉字,就没有适合汉语的文字书写符号系统来传达信息了。

在第三次论争中,各种主张、许多方案都争相提出,许多有关文字改革的组织也相继产生,这些组织的呼声很高,态度激烈迅猛。

如何看待以章太炎和钱玄同为代表的两种针锋相对的意见呢?过去,章太炎的观点曾被批判为"保守",现在看来,他的观点不但全面,而且极有远见,他是站在发展本国文化的立场上来对待自己的语言文字的。同时,对汉字改革,我们也要有一个正确的认识。这次汉字改革的提出,是与推行白话文、实行文艺大众化紧密相连的,是以反封建为主要目标的新文化运动的有机组成部分。提倡汉字改革的目的,是打破知识垄断,使中国大众能够得到受教育的机会,因此,带有崇高的爱国主义动机。一大批站在新文化运动前沿的知识分子,对自己所受的封建教育进行了深刻的反思,勇敢地向自己最熟悉、最擅长的文言反戈一击,这样做必然会受到崇尚汉字的强大传统势力的反对,他们需要有很大的勇气,这种勇于抗争的爱国精神是值得钦敬的。尽管偏激与急躁会导致对科学的偏离,但是,那种出于善良愿望的矫枉过正,又是我们应当怀着敬意来理解的。钱玄同的学生梁容若在追悼钱氏的诗中说:"离经畔道为苍生,实大声宏有定评。我侍康成余六载,粗知矫枉即衡平。"这便是一种比较深刻的理解和中肯的评价。

下面，我们讲一讲简化字问题。

汉字由于复古倾向严重，异体字增多，字形趋繁，学习和使用都增加了难度，让它合理地简化，是普及文化教育十分迫切的措施。简化字并不是新中国成立之后才有的。新中国成立以前就已经有了很多简化字的方案。我们可以清点一下，看看都有哪些方案被提出。下面的表格可以供大家参考、查询。

1909年	陆费逵	在《教育杂志》创刊号上发表论文《普通教育应当采用俗体字》。
1922年	陆费逵	发表论文《整理汉字的意见》，建议采用已在民间流行的简体字，并把其他笔画多的字也简化。
1922年	钱玄同	在国语统一筹备委员会上提出《减省现行汉字的笔画案》，得到陆基、黎锦熙、杨树达的联署。
1928年	胡怀琛	出版《简易字说》，收简体字三百多个。
1930年	刘复、李家瑞	中央研究院历史语言研究所出版《宋元以来俗字表》。
1932年	国语筹备委员会	国民政府教育部公布出版《国音常用字汇》，指出："现在应该把它（简体字）推行，使书写处于约易。"
1934年	杜定友	中国图书馆服务社出版《简字标准字表》，收简体字353个。
	徐则敏	在《论语半月刊》发表《550俗字表》。
	钱玄同	在国语统一筹备委员会上提出《搜集固有而较适用的简体字案》。
1935年	钱玄同	主持编成《简体字谱》草稿，收简体字2400多个。
	国民政府教育部	采用《简体字谱》草稿的一部分，公布"第一批简体字表"，收字324个，是历史上由政府公布的第一个简体字表。
	上海文化界	组织"手头字推行会"，发起推行"手头字（即简体字）"运动。
1936年	容庚	出版《简体字典》，收字达4445个，基本上来自草书。
	陈光尧	出版《常用简字表》，收字3150个，约一半来自草书，一半来自俗体字。
1937年	北平研究所字体研究会	发表《简体字表》第一表，收字1700个。

关于当时简化字的应用，可以举两个例子。第一个例子，是北京大学教授胡适对简化字的态度。胡适是新文化运动中新学的代表人物，他在《国语月刊·汉字改革号》卷首中说："促进语言文字革新，需要学者文人明白，他们的职务是观察小百姓语言的趋势，选择他们的改革案给他们正式的承认。"也就是说，学者要尊重和认同民间的俗字；而在日常书写中，胡适也写简化的部件和俗字。看看胡适书写的这段文字，"证""说""话"，这些字的言字旁，都不是用繁体字的言，这是将行书中的连笔改造成了楷书，正是现在简化的言字旁。第二个例子，是1935年，以蔡元培、邵力子、陶行知、郭沫若、胡愈之、叶圣陶、巴金、老舍、郑振铎、朱自清、李公朴、郁达夫为代表的二百多位文化教育界的名人，共同发起的声势浩大的"手头字"运动。什么是"手头字"呢？就是老百姓自己写的字，一般是简单、便捷的文字。同样一个人，写字和认字时的心态是不同的，对文字的繁简要求不一样。在写字的时候，人们希望越简单、越快越好。而在认字的时候，人们希望信息量大一些，区别度高一些，容易分辨，不易出错。简化字在这个时候，既成了民众的愿望，也成为爱国知识分子的理想，国民政府教育部也接受了这一要求。在这样的背景下，《第一批简体字表》正式颁布。官方、学者、民间等不同的组织和力量融汇在一起，在汉字简化运动上走出第一步。从20世纪初到新中国成立前，这是简化字运动的第一阶段。在这一时期，我国的文盲数量是有所减少的。

自新中国成立以来发布和推行规范汉字，是汉字简化的第二阶段。新中国成立初期提出了文字改革的三大任务，也就是推广普通话、推行简化汉字、制定和推行汉语拼音方案。1956

年1月,国务院公布了《汉字简化方案》。1964年3月,中国文字改革委员会、文化部、教育部联合发布《关于简化字的联合通知》,公布了《简化字总表》。这项工作是在第一阶段工作的基础上完成的,它是20世纪初文字改革工作的延续——其一是组织的延续。从1947年3月在上海成立支持新文字运动的中国语言学会,到1952年2月在北京成立中国文字改革研究委员会,其中的时间间隔只有五年,宗旨的变化也不大。其二是队伍的合流。新中国成立以来文字改革的骨干队伍,吸收了来自解放区的文化工作者,也吸收了新文化运动中思想比较开放的一些知识分子,实际上,也就是初期运动各方主力的合流。当时的简化字方案,也采纳了各方提出的不同意见。其三是任务的一致。新中国成立以后进行的文字改革的三大任务,正是初期运动所提出的主要措施的实现。所不同的,是新中国成立以来的文字改革,从新中国成立前有组织领导的知识分子的群众的、半民间的运动,转变为政权所支持的国家行为。新中国成立以后,我国成立了专门的国家机构,来主管语言文字工作的部门——"文字改革委员会"。后来,它转变为教育部的下属机构"国家语言文字工作委员会",简称"国家语委",与教育部合署工作。这也是因为,语言文字和国家的基础教育工作是密不可分的。

  新中国成立之初的汉语拼音方案,和简化字一样,也是当时历史条件下的产物。当时的学者曾试想过把汉字改成拼音文字,并做过一些具体的尝试。但是随着实践和科研的深入,人们也意识到,把汉字改成拼音文字有很多问题难以解决,到了1958年,周总理就在政协会议上提出,停止改成拼音文字的实施计划。但是,汉语拼音方案作为一种辅助学习的记音符号,对记录和推广普通话做出了贡献,为学习汉字提供了最好的支持,现在又为计算机汉字输录提供了最便捷的方法,是非常重要且不可或缺的。在学术领域,我们也必须知道,拼音方案只能记录普通话,不能够记录方言。在专业人士的方言调查中,需要采用另一套科学的记音符号——国际音标——来记录方言。

"文革"以后,国家的语言文字政策需要重申,工作也需要整顿。20世纪80年代对简化汉字作了微调,新出台了四个文件:

1986年6月	国务院批转国家语委《关于废止〈第二次汉字简化方案(草案)〉和纠正社会用字混乱现象的请示》的通知中"对汉字的简化应持谨慎态度"的精神。
1986年10月	国家语委经国务院批准重新发布了《简化字总表》,做了个别调整。调整后的《简化字总表》,实收简化字2235个。
1988年3月	国家语委和国家新闻出版署联合公布《现代汉语通用字表》。
1988年3月	国家语委和国家新闻出版署联合公布《现代汉语常用字表》。

到了2000年10月,经过充分的酝酿,《中华人民共和国国家通用语言文字法》公布了,这是我国语言文字生活中的一件大事。其中第三条规定:"国家推广普通话,推行规范汉字。""国家机关以普通话和规范汉字为公务用语用字","学校及其他教育机构通过汉语文课程教授普通话和规范汉字。使用的汉语文教材,应当符合国家通用语言文字的规范和标准","公共服务行业以规范汉字为基本的服务用字"。语言文字问题进入了法律,但是,什么是规范字,规范字和简化字是什么关系,还是一些不明确的问题。

《中华人民共和国国家通用语言文字法》公布的第二年,教育部和国家语委启动了规范汉字表的研制项目,这个项目经历了12年的时间,2013年,才由国务院发布了《通用规范汉字表》。《通用规范汉字表》是在50年来发布的诸多规范基础上,根据当代社会用字的状况和信息时代的需要研制的,这个字表整合了以前不同时期内的多个汉字规范文件，消除了那些文件之间的各种矛盾，对以往的汉字规范进行了全面整合，集众多字表于一表之中，用一个字表替代了以前多种字表。《通用规范汉字表》照顾不同需求，充分考虑社会各阶层对汉字需求的差异，将所收字划分为三个等级：一级字表3500个字，主要满足基础教育和文化普及的基本用字需要；二级字表3000个字，和一级字表一起，主要满足出版印刷、辞书编纂和信息处理等方面的一般用字需要；三级字表1605个字，主要满足信息化时代与大众生活密切的特殊领域的用字需要，包括姓氏人名用字、地名用字、普及科技用字和基础教育文言文印刷用字。全部字表8105个字。这样分级，提高了《通用规范汉字表》的实用性，增强了国家规范的亲和力，更有利于构建和谐的语文生活。《通用规范汉字表》对简化字作了调整，根据现代社会实际用字状况，删除了《简化字总表》中的31个字。这31个字属于生僻的方言字、科技旧称用字、已经有规范字的异体字等。新收录的226个类推简化字中，166个曾被《现代汉语词典》和《新华字典》收录，51个见于其他多种辞书，9个出自频度较高的姓氏人名及现代科技用字。经过这次的调整，《通用规范汉字表》中的简化字变成2430个。而且规定，简化字类推要受到限制，《通用规范汉字表》之外的字，一般不允许再类推了。汉字简化的工作暂时告一段落。

关于简化字，一直有着很多争论。其中异议最多的，是说简化字破坏了传统，违背了历史的原则。这就需要我们明白，简化字是怎么来的。从简化字的来源看，简化字并不是现代人造的，也不是文字改革委员会凭空想出来的。我举一个现成的材料来说明——下面是从抽取的388个简化字中测查这些字在汉字书写的典籍文本中的时间年代（见张书岩等著《简化字溯源》一书）：

始见年代	字数	占388个简化字的比例
始见于先秦	49	12.63%
始见于秦汉时代	62	15.98%
始见于魏晋南北朝时代	24	6.18%
始见于隋唐时代	31	7.99%
始见于宋(金)时代	29	7.47%
始见于元代	72	18.56%
始见于明清时代	74	19.07%
始见于民国时期	46	11.86%
始见于新中国成立后	1	0.26%

根据这个统计表,可以得出一个结论:大量的简化字,是从前代典籍或是民间用字中选出来的。大家应当记得我们前面讲过,简化字是适应文化教育的普及而提出的,学者们的意见并不是要自己造字,而是提倡关注手头字,这些手头字有些是民间、文人所写,也有的是书法家所写,而且是有一定使用频度的。前面我们还介绍过与正楷字同时通行的行书、草书,这两种速写(变异)字体都有自然简化,很多偏旁简化就是利用行书、草书楷化的。所以,简化字自身是有历史根源的,是已经使用着的字,使用简化字,是充分考虑了大众的需要和学习的方便,剔除了旧时代文字的垄断和复古,有选择地选出了一些笔画简省的字来记录汉语。

在简化字中,值得关注的是类推简化问题。1964年公布、1986年重新公布的《简化字总表》,共有三个表,第一个表是个体的简化字,第二个表规定了132个可作偏旁用的简化字和14个不能单用的简化偏旁。并且规定这132个简化字和14个偏旁可以类推,也就是说,只要是以它们作部件的字,都可以改成简化字部件。例如:根据"罷—罢"的简化,"擺"也可以类推作"摆"字,根据"言—讠""糹—纟"的简化,其他"言、糹"在左边的字也可以改为"讠、纟"。应用第二个表所规定的132个简化字和14个简化偏旁类推出1753字,全部收入第三个表。这就是人们习惯所说的"类推简化"。

从汉字系统和汉字历史的角度看,类推简化有优点,也有缺点。从优点上说,类推简化可以使简化字内部保持一致,在常用字领域里,就不会出现一繁一简两种偏旁。例如:车轮、车辆、车辅、车辙、车轨、车舆、阵列……但是,无限类推会人为造出一些现代不用、古代也不用的字。这些类推简化,就会增加认字的负担,汉字数量也会无意义地增加,难以识别和查询。类推简化,也会造成原本意义、声音都不同的字,在类推简化中变成同形字。例如,"儜"在古代义为"怯懦、软弱",类推简化后作"伫",与伫立的"伫"的繁体字"佇"同形。从符号的系统性上说,文字符号必须是有区别的,原本不同的字,经过类推简化后,合并为一个字,既没有办法分辨,也会造成文字使用上的混乱。

因此,在2013年公布《通用规范汉字表》后,教育部、工信部等十二部门,下发了《关于贯彻实施通用规范汉字表的通知》,其中针对类推简化的问题做了相关规定,即:"收入《通用规范汉字表》以外的字一般应采用历史通行的字形,不应自造未曾使用过的新的简化字。"其目的有两个,也就是保持稳定和减少差异。经过测查,《通用规范汉字表》中的8105个字,对现代汉语语料的覆盖率已经达99.98%,绝大部分简化了的字都已经收入,没有必要自造或自改汉字。中国正在走向世界,教育正在适应新的形势加速发展,不论从国内还是国际,汉字都需要保持稳定,严格实行表外字不再类推,才能解决民间和传媒任意写不规范的简化字的问题。保持真正的用字稳定,使母语的基础教育与汉语的国际传播用字有据可依。同时，两岸的文化交流日渐密切，不要再扩大两岸用字的差距是大家共同的愿望，严格控制类推简化，也是这项原则的体现。

也许有人会问，你可能会碰到一些怪字，《通用规范汉字表》里没有，该如何写？其实，在这种情况下，就不用作类推简化，直接写繁体字。本来，同一个构件，在简化字中也有根据书写位置的不同而有简繁不同的写法。比如说，"言"字旁在一个字的左边，就写简化的字形，但在汉字构形的下面或者右边，如"信""警"等，则不简化。因此，一简一繁的问题也不是很大，而且就常用字中，这些不能类推简化的字，是非常少的。

而且，我们也要认识到，简繁长期并存是我们必须面对的现实。在文字上大陆实行简化字，在港澳台地区，则实行繁体字。很多人都提出过"书同文"的问题，我们可不可以改回繁体字？考虑到目前的情况，是暂时做不到的。文字问题，在基础教育、社会通行方面，是十分重要的问题。从新中国成立以来，大量的文件、文告，都是用简化字来印刷、发布的。而且，简化字现在已经是联合国唯一承认的汉字系统，所有的国际文本，也是用简化字写的。倘若要在全国范围内重新改换文字，势必会造成大量的人力、物力、财力的浪费。因此，废除简化字，改成繁体字，起码在目前的情况下，恐怕是做不到的。那简繁长期并存，大陆使用简体字，是否会影响文化交流？答案也是否定的。随着教育的发展和大陆与港澳台地区交流的增多，我们能看到这样一个事实：一般民众尽管不一定会写繁体字，但繁体字的识读方面，已经基本不是问题。年轻人在听台湾流行歌曲时，大多能识读繁体的歌词，也看得懂繁体字的连环画，或是书籍。至于在台湾地区是否有简化字，有的人误以为台湾没有简化字，实际上，在社会用字领域，他们也有手头字和简体字。比如说"台北车站"的台，并不写作"臺"，而写作"台"，就是一例。这样，大陆省份和港澳台地区，分别使用简化字和繁体字，是历史形成的必然。简体字和繁体字长期存在，也是当前我们必须面对的现实。

繁体字并不是完全不能用，能在哪些场合使用呢？2000年通过的《中华人民共和国国家通用语言文字法》，对繁体字和异体字的使用，给了一个宽松的尺度。在《国家通用语言文字法》第十七条下说，有下列情形的，可以保留或使用繁体字、异体字：（一）文物古迹；（二）姓氏中的异体字；（三）书法、篆刻等艺术作品；（四）题词和招牌的手书字；（五）出版、教学、研究中需要使用的；（六）经国务院有关部门批准的特殊情况。这样，像故宫中的具有文物价值的楹联、牌匾，个人姓氏中的异体字，还有书法篆刻的历代精品，古籍出版、古籍整理以及教学研究中需要使用的繁体字、异体字，都可以保留。因此，国家的语言文字政策，是坚持以规范的简化字为基础，也在操作上具有一定的灵活性的。

最后，我还想跟大家谈一谈"一简对多繁"的问题，这个问题涉及大家和港台地区的亲人和朋友交流，还涉及在阅读古籍时的用字。推行简化汉字时，考虑到汉字的难学，不只是笔画的繁多，更因为表意文字字数的繁多。因此，有一部分简化字，采用了将原本意义不同、语音相同或者相近的字，合并在同一个字下的方式。例如：简化字的干，其实对应了"干、榦、幹、乾"这四个不同的字。"干"的小篆，从入从一，本来是当干犯讲，本义是指侵犯、冒犯、介入。严格来说，干燥的"乾"、干事和骨干的"幹"（读去声），枝干的"榦"（读去声），这三个字，和"干"并不是一个字，因为声音相近，也都归并在"干"字下了。这就产生了一个简化字对应着多个繁体字的问题。类似这样的问题，大约有96项，所以在《通用规范汉字表》的后面，就附了一个《规范字与繁体字、异体字对照表》。这种现象，专业领域叫作"字用合并"，这样做在一般情况下不会出什么问题，因为单字进入语境，在语境里可以区别；而且，汉语词汇已经走向双音化，双音化对区别单音字作用是很大的。但是有时候双音词也有区别不了单音词的时候，尤其在计算机自动进行简繁转换的时候，混淆的可能性更大，所以要引起大家的注意。在这里举一些大家习以为常的例子：

"发"字对应了发展的"发"和头发的"髮"，"面"字对应了脸面的"面"和米面的"麵"，"板"字对应了木板的"板"和老板的"闆"，"表"字对应了表格的"表"和钟表的"錶"，"出"字对应了出入的"出"和一出戏剧的"齣"等。在下面一些句子里，很容易产生误解。尤其是计算机自动作简繁转换，更容易转错。例如：

1. 由此生发（發）出各种新问题。/生发（髮）油用来生发（髮）。

2. 他一面点钱一面骂骂咧咧。/这是从前面茶棚里留声机上放出来的。

3. 管他新板子老板子，涂上漆都一样。

4. 太阳一出来天就亮了/这是一出（齣）人人都喜欢看的戏。

5. 看了表，这一惊非同小可。

例1的"生发"指的是滋生发展，除了生发问题，还有生发出枝叶等。但是，到了"生发油"中的"发"，指的是头发，和一般的"生发"是两个词，后面那个"生发"，转换中就会出错。例2之中，一面、前面，都不应该是有"麥"的那个字。但是由于语境中，面与下文"点钱"的"点""茶棚"的"茶"连在一起，面点（麵點）、面茶（麵茶）又是专门的词汇，在计算机切分时，就由于拆分转换的错误，自动转换成"一麵點錢""前麵茶棚"，造成转换错误。例3的老板，不是说掌柜的老板，而是指老的板材。但在计算机中根据词汇转换的原则，会错误转成"老闆"。例4的"出"和"齣"，都是量词，特别是在语境中，一出是修饰"戏"的，由于中间加了很多修饰语，计算机就显得很笨，不能转换出"齣"来。例5则更难了，这句子中看的"表"，既可能是表格，也可能是手表、钟表。如果仅靠句子，就连个人也无法判断，就更不要说计算机转换了。

同时，姓名用字中的简繁转换，也是简繁转换中的突出问题。姓名用字的搭配是无限的。姜姓的姜，不同于"薑"，"于"和"於"是两个不同的姓，"修"和"脩"不能完全对应，也会造成简繁转换过程中的问题。

提出这些问题来，这说明简化字在学习汉字的初级阶段，是非常好用的，但是学习和应用一深入，问题就会产生。特别是在汉字进入计算机以后，古老的汉字在新时代碰到了新问题。不过，这些问题只要把语言文字的发展和应用规律研究透彻，并且把语言文字研究和计算机技术问题结合起来，都是可以解决的。

关于简化字，我们应当在一些根本问题上取得共识：一个多世纪以来，简化字为解决汉字笔画繁多、难以普及的问题，做出了巨大的贡献，非常好地完成了文化教育普及的任务。它确实还有些不够优化的地方，今后还要继续完善。最近，在人大、政协，总有一些声音主张恢复繁体字。我们该怎么看待这些问题？总体说来，我们应该从国家发展大局出发，从理智的角度，考虑我们国家文化的发展，顾及13亿人口的文化诉求，深入地思考这个问题，而不要盲目地认为，繁体字是古老的，越古老的东西越好。只有真正理性地来对待汉字，深入地了解汉字，才能共同解决汉字在进入现代社会以后的诸多问题。

现场问答

问：王教授，您好！向您请教一个问题，轩辕帝的"轩"是左右结构的字，如果左边用繁体字，右边用简化字，这样书写可以吗？

答：轩辕帝的"轩"，左边是"车"，右边是"干"。左边如果写成繁体的"車"，那么这个字就是繁体字。我理解你的问题是写字的时候想起繁体就写繁体，想起简化字就用简化字，这样是否可行？回答这个问题要看你使用汉字的场景和目的。如果是给政府写报告，那肯定不可以，因为要用规范字；如果是老师，你在教学中既写繁体又写简体，会让学生产生疑惑，无所适从；但如果是你自己写日记、记笔记，只要自己认识，怎么写都可以。所以说，可以不可以，要视不同情况而定。

问：王老师，您好！去年五月，北京大学的吴小如教授去世了。吴教授生前坚决主张恢复繁体字，他曾经举例说，为了弘扬国学，提倡阅读中国古籍，但现在很多古籍用简化字印刷，而且还找专家将文言文翻译成白话文，使实际篇幅增加，这本身就是一种浪费。另外吴教授对中国古代文化的传承也感到担忧，以他的这个古代文献学专业为例，几乎招不到中国的研究生，只有日本留学生。因为大家都考虑毕业的出路、收入。联系到社会目前的阅读水平，像中国人民大学国学院院长援引"七月流火"来说明海峡两岸的交流，这句话出自《诗经》，原意应该是指到阴历的七月也就是阳历九月已经秋天了，大火星流过以后天气就会很凉。而国学院院长解释成天很热，比喻两岸关系交流频繁。像这样专家层面的误解或误读，会不会使我们对古籍的理解产生更加厉害的误导？

答：这个问题我们下面会有专门的一讲，今天我可以先简单做个答复。

首先关于古籍印刷的问题，一般来说，如果是义务教育的课本，或者是一般常见的浅显文言文，我们可以用简化字印刷。用了这么多年，实践证明基本上不会出什么太大差错。但如果用简化字来印刷专业古籍，肯定会有问题。我也经常举一些例子，在现代汉语中有些用字是可以合并的，但是在古汉语中不能合并，否则会出现很多问题。例如："余"和"馀"，在现代汉语里，合并以后不会产生混淆，因为"余"在文言里是第一人称的代词，相当于"我"。现代汉语的"余"根本没有这个用法。但在文言文里，第一人称的"余"和多余的"馀"，很容易出现在相同的语境里，很容易混淆。看看下面的"余"，如果"余""馀"不分，当什么讲："余年无多"，是"我的时间不多了"，还是"剩下的时间不多了"？"余之物留于东厢"，是"我的东西留在东厢房"，还是"剩下的东西留在东厢房"？这是难以分辨的。又比如：在文言文里，"饥"的意思是人饿了，"饑"的意思是"饑荒""饑馑"，两个字合在一起，意思难以分辨。因此，国家在处理简化字的时候，明确只是记录现代汉语文本和一些比较浅显的文言文。至于专业的古籍印刷，现在仍然用繁体字。而且我们一再强调，繁体字只是指跟简化字对应的那些传承字，其他字都是一样的。我们现在正在研制古籍印刷通用字的字形规范，为什么要做这件事情？因为以后的古籍要进入计算机，还要更多地数字化，以便检索、查找。汉字问题不解决，古籍印刷会不准确，古籍数字化根本就没法实现。

至于说国人阅读文言文的水平比过去低，这点我觉得要这样看：如果是专业研究人员，比如研究历史，尤其是中国古代史专业的人，不去阅读原本的文献典籍，而看白话翻译，那这个人就不具备从事这个专业研究的条件。其他专业的人文社会科学的研究人员，为了以史为鉴，具有较高的阅读古籍的能力也是应该的，一个人不懂得自己国家的历史，想深入了解自己国家的现实，其实很难做到。甚至研究自然科学的人，也要有一定的人文素养。老一辈知名的科学家，都有很深厚的人文修养，文言文的阅读水平很高，古典文学根底很深。对于一般民众，我们当然希望全民的文言文阅读水平提高，起码成语、典故多知道一些，不知道的要去查一查，不要乱讲。不过，一般人的文言阅读水平都是在中小学打下基础的，全民人文素养的提高，要靠提高中小学语文水平来解决。总之，专业层面和普及层面这两者要区别看待。不论是专业层面还是普及层面，像现在这样的确是不足的。

但是，说古代专业招不到研究生，只有日本人才学，这恐怕不符合事实。我自己的专业就是古汉语，我的学生都是中国学生，他们的书读得很好，大多数都在不同程度上有一定的成就。反而是日本学习汉语文言的人有成就的越来越少了。我们正处在一个提高文化素养、道德重建的氛围中，文言文阅读能力一定可以加强，大家一起努力吧！

第八讲

告别铅与火的时代——信息时代的汉字规范

自20世纪90年代开始,全世界进入信息时代。信息时代的特征,可以从三个方面来说明:首先是生产活动引入了信息处理技术,也就是计算机进入了工业、农业生产和科技领域,使这些部门的自动化达到一个新的水平,生产力得到飞速的提高;其次,电信与计算机系统合而为一,可以在几秒钟内将信息传递到全世界的任何地方,电报、电话、邮政都被网络传播替代了,人类的交流必须在这样的条件下来考虑成败;最后,信息和信息机器成了一切活动的积极参与者,甚至参与了人类的知觉活动、概念活动和原动性活动,就是在精神活动方面,也有越来越多的内容,由计算机部分代替了人脑。年纪稍大一些的老人会感觉"生活不一样了",日子好像比以前过得快了,年轻人的很多知识过去都是老人说给他听,教给他学,现在他们知道得比老年人还多。网络也是让老人们头疼的问题,要想多知道一些事,必须学会操作计算机、手机,要想告诉别人一些事,用嘴说、用笔写都只能对着跟前儿的一两个人,再多一点人、距离远一点,还得用计算机、手机。年轻人没有经历过以前的日子,没有对比,但也会知道,如果哪一天停电或者网络出了问题,会有一种事事都难办的感觉。信息时代改变了人们的生活方式,改变了人与人相处的方式,改变了人们的学习方式,也就必然要改变人的思维方式。这就是信息革命进入了你的人生,老经验不行了。

中国的信息革命,前面说到的三个方面,都跟汉字有关,特别是第二个方面。不知道大家有没有想到,如果汉字没有进入计算机,手机和计算机里只有英文,我们还能像现在这样,人人都生活在信息社会吗?汉字是如何进入计算机的?进入以后遇到些什么问题?这些和我们十分切近的问题,大家也许并不知道实际情况。所以这一讲我们专门探讨这个问题,题目就叫作"告别铅与火的时代"。

前面我们讲到,从20世纪初开始,汉字经历了不平凡的一个多世纪。我们把这一段尚未从我们生活中走远的历史,约略以三十年为一段来看:

1919年五四新文化运动到1949年新中国成立,恰好是三十年。从1949年到1979年改革开放,又是三十年。从1979年到2009年,这又是一个三十年。现在我们进入第四个三十年。上一讲我们已经探讨过前两个三十年,也涉及第三个三十年中前十五年汉字的命运。因此,这一讲我们主要关注第三个三十年的后十五年直到现在。在这段时间里,汉字遇到了许多新问题,它从五千年文化的历史传统起步,走过了曲折的改革道路,进入一个崭新的、全球性的信息时代。

前面说到的信息社会的标志，呈现出崭新的社会面貌：美国的农村，以堪萨斯州为例，它是美国特别大的农业州。但在这里，你几乎看不到农民，有的只是计算机操作室，人们完全利用计算机来操作机器完成工作，这与传统的农业耕作方式相比，生产自动化达到一个新的水平。就我们国内而言，以中国传统的作坊为例，过去我们经常看到打铁、做铁器这样的手工作坊，现在也几乎都销声匿迹了。到处可见的都是计算机，它广泛运用于通信系统，互联网在几秒钟之内，就把信息传到全世界的任何一个地方。我们今天发一个E-mail，给远在美国的亲朋好友，几秒钟后大洋彼岸的人就能收到。

因此，信息传播的速度和信度对人类涉及的各种活动的成败有着直接的影响，而且由于计算机在经过大数据把握规律之后，有时可以显示事件发展的趋势，所以它也凭借信息技术增加了达到预期目的的可能性，信息技术也由此成为人类获取新知识的一个重要手段，信息知识成为人类智慧的一个重要源泉。对信息技术的掌握与否，成为各行业竞争胜负的关键所在。我们经常听说"时间就是金钱"，对炒股的人来说，炒股盈亏与否，关键在于能否及时接收股市信息，洞察股市变化。岂止是炒股，在信息时代，谁能够对信息掌握得又快又好，谁就能最有效地得到自己的精神与物质财富，取得胜利和成功。所以，知识如潮水般迅速涌进每个人的生活，科技术语也很快地扩展为全世界的日常生活用语，人们对生活的感觉就是节奏太快了。信息使人的智慧、人的生活、人的交往、人的工作以及全社会的生产都改变了模样。

汉字在这样的时代背景下，面临着信息化提出的一个更尖锐的挑战。全球化信息技术革命以后，由于信息和信息技术的巨大作用，政治、经济、文化各方面的国际交流就越来越密切。它已经构建了国家、地区、企业、各个人民团体之间更加互相依存的关系，国际关系有了一个新的格局。在这个格局中，中国不再是一个无关紧要的角色，这个十三亿人口的亚洲大国已经崛起，为世界所瞩目。在这样的时代背景下，汉字能否进入计算机，它能否直接传递汉语的信息，是其存亡的关键。倘若汉字到今天还进入不了计算机，那么，我们就需要将自己的话翻译成英语后，才能再向世界传递。如果再从英语翻译回汉语，也许最后连我们自己都不知道最初的话是什么意思了。这样的传播方式既减慢了信息传递的速度又影响了信息传播的信度，同时也让汉语失去了话语主导权。

在第三个三十年的前十五年里，汉字迎来了信息革命的挑战。中国计算机文字信息处理专家王选院士在1981年主持研制了中国第一台计算机汉字激光照排系统原理性样机华光I型。有了这一台激光照排机以后，我们就可以将信息输入到计算机内，并且它能使信息转化到纸上一页一页输出来。从1985年到1993年，王选院士又先后主持研制成功并且推出了华光II型到方正93系统，一共五代产品，以及方正彩色出版系统。这样印刷又进入到了彩色系统的时代。而在此之前，我们是怎么印书的呢？是通过铅字排印完成的。铅字先要用手刻，刻完了再去做成字模，然后批量浇注。印不同的书，如果遇到之前没有的字，还得重新刻字。而且铅字是耗材，用过一段时间后，凸起的字面就会磨平，必须更新。因此铅字排印，费时费力，效率很低。由于铅字是用火铸成的，所以我们把这个时代称为"铅与火的时代"。王选院士研发的这些成果开创了汉字印刷的一个崭新时代，使我们的报业和印刷出版业真正告别了"铅与火的时代"，迈入"光与电"技术革命的未来。

传统铅字排版

现代激光照排

除此之外,激光照排系统还可以将图书数字化。以线装古籍为例,图书数字化,是将原先一页一页的线装书经过处理变成文本,计算机将书中各种各样的信息集合到一起,我们便可以利用计算机进行检索、引用等工作。比如,我们想了解"汉字"这个词什么时候有的,从先秦到现在的历时变化,只要有一部电子版的《四库全书》和更多的历代古籍语料,计算机就能将它的应用情况查出来,集中到一起,这样不仅大大方便了我们的研究工作,也改变了我们的阅读方式。

过去,我们常说一个汉字的属性有形、有音、有义。到了简繁对应的时候,它又有了"用"这个属性。比如简化字"干",它对应了四个繁体字,分别是"干""乾""幹""榦",在大陆是一个简化字,对应港台地区和古籍四个繁体字。也就是说,同一个"干",在简化字文本里,和在繁体字文本里,有不同的字用属性。在激光照排实现的这一个十五年内,汉字又多了一个非常重要的属性,就是"码"。我们现在天天都在计算机前打字,实际就是在用码来输入、输出。那么,码是什么呢?码是汉字进入计算机的关键。所以下面就要讲讲汉字的编码问题。

汉字在计算机里需要一个内码。内码相当于一个汉字在计算机系统里的一个户口,一个汉字在计算机的虚拟空间里被编排好，就拥有了一个码位。

汉字刚刚进入计算机时，1980年由国家标准局发布了《信息交换用汉字编码字符集》，1981年5月1日投入使用。这套国家标准的标准号是GB2312—1980。GB2312是第一期字符集，共有6763个字，主要包括3500个常用字和它对应的繁体字，能够基本满足汉字的计算机处理。而这个时候台湾地区用什么呢？台湾地区用的字符集叫作CNS11643CBIG5，俗称大五码。这两套字符集所对应的汉字并不在一个码位上。比如，汉字"一"在GB2312中处于这个码位，而在CNS11643CBIG5中又处于另一码位。因为同一个字的码位不一，所以那时两岸交流中经常出现乱码现象。经过很多年的研究，我们才开发出新的技术，能够将大陆的码与台湾地区的大五码相互转换，这样原先交流中的乱码丛生现象慢慢消失。信息技术问题的解决，推动了两岸政治、经济、文化等各方面的交流。我们现在去台湾地区旅游手续办理效率大大提高；两岸的出版物互相购置，学术研讨会层出不穷；艺术作品和文物也经常在两岸轮回展出。本来是同宗同根的两岸文化，曾经在几十年的隔绝中，产生了一些差异。随着两岸交流的频度和深度与日俱增，这样一来，它迅速地互相影响，缩短距离，向着求同存异、和平统一的趋势发展。历史造成的简化字和繁体字的差异，在信息时代，由于信息技术的发达，没有形成文化的隔绝。这个过程不到二十年的时间，在座的中老年人亲自经历了这个过程，应该都记忆犹新吧！

在信息时代，汉字带来的又一个机遇和挑战就是国际化。中国在世界上已经是特别被关注的新崛起国家，它与世界各国之间的联系、交流都日趋紧密。随着信息交流的密集化，汉字也跟随汉语在向海外传播。中国在全球各地开设孔子学院，就是为了适应汉字所面临的这种国际机遇，给世界各地对中华文化有兴趣的朋友、希望学习汉语的朋友，提供一条了解中华文化和汉语教学的渠道。还有大批的外国人来到中国学汉语，现在几乎每个大学都有对外汉语教学这一专业，比如北京语言大学、北京外国语大学等，都是集中进行双语教学的大学。在这样的时代形势下，庞大的字符集如果不加整理，就无法让不以汉语为母语的国家的学习者用来学习。我们必须有适应新时代的、适合中国应用的字符集，而在这个字符集的每个码位上，对字形的标准化应当有更高的要求。这是汉语信息传播速度和信度的要求，是汉字教育的要求，不论人们是否认识到，它都是国家富强所必需的，更是人民长远利益的体现。

因此，对于汉字所面临的国际化问题，我们要考虑汉字的国际编码。国际编码是怎么一步步实现的呢？1990年，中国正式发布了CJK字符集，全名称叫作《统一的中日韩汉字编码字符集》。为什么叫CJK？主要指三个国家，C代表中国，J代表日本，K代表韩国。这个字符集每个字一共有四行，第一行是中国大陆的汉字，第二行是日本汉字，第三行是韩国汉字，第四行是台湾地区的汉字。这个字符集不同列的汉字，简繁字、异体字、不同国家所用的不同形体的字，各自有自己的码位，它们就可以分别输出，相互转换。由于四个国家（地区）各自有字符集，所以CJK字符集共有20902字。这个字符集作为新的汉字信息处理国际标准，使汉字信息处理向国际化方向迈出了重要的一步，后来成为国际编码的基本字符集。

到了1994年，作为国际标准的《信息技术通用多八位编码字符集》（UCS）开始启动，其中UCS是Universal Character Set的简称。汉字为什么要标准化？这就要说说标准的相关问题。我们知道工业的国际标准简称ISO。工业标准是非常重要的。比如电器插头,在工业标准化前,各个国家地区的形状不一,比如,中国香港和新加坡都是华语地区,但他们那里的电插头是两方一圆,和我们的完全不一样。20世纪90年代,我们带着计算机到香港地区教学或者学术交流,必须带一个插头转换器。有了国际标准,各个地方的插头都一样,就不会有这样的麻烦了。因此工业先进的一流国家往往可以出台国际标准,这样全世界都得跟着它走。中国刚开始崛起的时候,能够出台这种工业标准化的东西很少,0.4%都不到,我们属于三流国家,只能给国际经济发展提供人力。在ISO国际标准机构下,专门有一个符号标准机构,那就是研制国际符号标准的,简称WG2。汉字国际编码,也就是"国际标准ISO/IEC10646"工作组从1994年开始工作。中国是汉字的祖国,创建汉字国际标准字符集,理应是以我们的工作为主导。

《信息技术通用多八位编码字符集》(UCS)的基本集就是上文所说的CJK字符集,一共是20902个字。然后依次扩充,从扩充集A—27484个字发展到扩充集B—70195个字,再到扩充集C—74344……现在已经到了扩充集E,共有80334个字。2013年国务院公布《通用规范汉字表》时,其中有三个字没有收入,没有码位就意味着无法在网络上呈现,最后由中国提交并收录在内。有了这么大数量的国际编码字符集,我们的汉字文本包括古籍文本都可以在网络上被全世界看到,中国文化通过网络走向世界也就容易多了。

但由于汉字的人文性,整理速度慢,无法跟进上技术发展的速度,所以这个国际编码字符集没有经过很好的整理,存在一些问题。

1. 同一个字有两个编码。例如:

兀（5140），兀（FA0C）；

胶（080F6），胶（03B35）；

焖（03DB7），焖（2420E）。

上述三组字中每一组其实都是同一个字，可是它们的码位却不同。同一个字有不同的码位，最起码会影响检索和统计。在文本输录上也会产生偏差。

2. 不同写法的同一个字没有认同机制。例如：

户（6237），户（6236），戸（6238）；

税（07A0E），税（07A05）；

宫（05BAB），宮（05BAE）。

上述四组字都是异写字，如"户"的字形上面一笔有写作点的、撇的、横的等几种方式。其中"点"是中国大陆的写法，"撇"是日本汉字的写法，"横"是台湾地区的写法。"税"的字形差别只在于字形上头的"八"字，一个是内八字，一个是外八字。"宫"的区别在于两个口之间有没有撇。这些字形其实是同一个字的不同写法，但给了不同的码位，没有将它们认同，在使用上容易莫衷一是。

3. 没有使用价值的生僻字参与其中。例如：

乭 融 䱷 顪 忩　龖 䩦 贇 糞 盝

这个字符集中的生僻字，有些是古文字的隶定字，所谓隶定，就是一个古文字，用当代楷书的笔法描写出来。也有些是字书中的所谓疑难字，就是在字书互相合并、补充、传抄的过程中产生的没有出处的字，有的有音无义，有的有义无音。这些生僻字一般人都不认识，也没有使用价值，只是在文字整理和考据的过程中用作过渡的资料。这些字和使用的字混在一起，对使用时找字是个干扰。对于汉字的现代应用来说，不是越多越好，而要适量，冗余越少越好。

对于上述这些问题，我们应该对字符集作整理工作，没有使用价值的字就不放进去，对于有两个码的字要选一个，这种对汉字的整理工作，就是规范化、标准化的工作。

什么叫标准化？在一定的范围内（国内或国际），对已经存在的或将要产生的工艺与技术制定共同的和重复使用的规则的活动，这就是标准化。它包括制定、发布及实施三个过程。就像前文所讲的电插头，它的规格要经过制定，确定一个对使用最优化、最合理的尺度，为各国制造时所遵守。什么叫规范化？所谓规范化是对与人的社会行为相关的事物做出标准化处理。人文性很强的事物，带有不同程度的个性化。比如公安部统计人的指纹，必须每个人亲自去按才可以获得，不能用类推的方式。即使一对双胞胎，弟弟按了指纹，你也不能说哥哥的就可以直接类推。人文性的东西是不能够完全精确重复的，难以制定绝对规则，也难以完全规定精确的尺度。但是它也要定一个基本标准。汉字是一种人文性符号，有很强的社会性，但它又是一种具有内在系统的符号，他不像指纹那样绝对个性化，也不像工业产品那样完全数理化。所以，对汉字进行规范称规范化，对汉字在计算机里的字形规范也可以称标准化。为什么既要标准化又要规范化呢？有人认为这会不会限制个人自由？社会上确实有个别人"耍个性"，无视规范和标准，只从自己立场出发。这样张扬个性的行为,其实不明白规范和标准是维护每个人的利益的。谁不遵守,谁的利益便得不到保护。比如,你制作一个电插头,标准是两插三插扁头,你偏要四插,人家是三个一样长,你偏要一个长一个短一个中。这样的电插头有地方插吗?在工业产品问题上,谁都不会故意违背标准去犯傻。但是在汉字问题上,有人就以为没关系,取名字偏用生僻字、怪字,甚至独出心裁叫"赵C"。结果在取钱、上飞机、挂号、报名……时给自己找一堆麻烦。所以,标准和规范总是带有和利益相关的强制性,对个人和社会都是有益的。

21世纪的汉字规范,必须适应高科技社会信息传播的需要。缺字和错字直接影响信息的传递,也影响许多需要信息产品来完成的工作的质量。如果姓名中有一个字符集未收的缺字或错字,你就无法获得身份证甚至工作证,你的名字每次进入书本和文章都要特殊造字,你无法操作银行自动化取款、机场自动化取票、各类自动化报名等事宜。关系更为重大的,很多国内政治、经济和国际事务的相关信息都是利用互联网传播的,汉字问题直接影响汉语信息向全世界传播的速度与信度。汉字问题产生的差错,会给信息的传播和流通带来阻碍,甚至于酿成大小不等的事故。想一想,如果地名出了问题,那么影响最大的是军事。错一个字,地理位置就可能相差几千里。因此,汉字的整理和规范非常重要。而现在大字符集的基本集以及它的扩充集收字繁多,古今兼有,国别各异,比如同一个字的简化、繁体字都收录,正字和异体字也都收录,字际关系没有经过很好的整理。所以,汉字要在不同的国家和地区实现统一编码,自由转换,我们就必须研制一个国家使用的规范字集,以使我们的规范、标准能够符合国际化的标准,又切合国内的需要。

汉字的规范化和标准化很复杂,需要古今皆通、文理兼容的人来从事这项工作。不论在哪个时代,汉字都有一个专业应用领域,这个领域属于大量运用汉字、以运用汉字为主要职业手段的阶层。他们要面对各种文本的起草、操作印刷过程,从事古籍整理,编写汉字辞书,管理信息系统,建设计算机字库、词库,设计汉字的国际编码……这些人要关注每个汉字,面对海量的文字,但是人数仅仅是一般汉字使用者的千万分之一,他们对汉字的要求比普通人高得多,要既多又准。而使用汉字90%以上的人都处在普及层面。汉字在这个人文社会中,它是被全民使用着也改变着的符号,一种符号系统是否好用,对于这个领域来说,"习惯成自然"是最现实的原则。比如网络盛行的"囧"字,这本来是自古就有的字,当"窗格"讲。但现代人在网络上拿它当"窘"字用。这个用法能否进入汉字系统,就要看它是否能战胜运用了上千年的"窘"字,来表达"窘迫""窘态"这样的意思。如果它的使用生命力强,有可能"囧""窘"并存,再强一些,也许"囧"取代原有的"窘"字;当然最大的可能是"囧"代替"窘"只在网络上有人使用,"窘"记录"窘迫""窘态"的规范地位无可取代。这就是"习惯成自然"。也正是因为这样,现在取消人们使用了近六十年的简化字,对社会的文化生活冲击太大。为了推动社会生活中语言文字的规范化、标准化,国家坚持汉字简化的方针,制定了《通用规范汉字表》,这是一个含有8105个汉字的字符集,字形也实现了标准化。《通用语言文字法》规定,这个字符集的规范汉字,是国家机关公务用语用字、教育用字和公共行业的服务用字。这样就使汉字规范进入了法律层面。

  字符集整理好以后,又如何使它在计算机中呈现出来呢?我们给每个汉字设置一个内码,这个内码是国际通用的多八位编码,实现了码位国际化。但是,要在计算机上用汉字记录、显示、处理汉语信息，还要通过键盘输录再将它呈现出来。这就有了输录法和交换码的问题。交换码是用来把汉字找出来的编码，利用键盘来实现。现在我们用的键盘都是美式键盘，有26个英文字母和10个数字是可以用来输录交换码的。日常采用的汉字输录法最常用的是音码，也就是用拼音方案输录，但是，汉字是单音节文字，同音字非常多，打出一个音节会有很多字显示，还要一个一个去选。所以现在都用双音或多音输录，重复率要小一些，也还会出现混淆的现象。比如，你想打"鲜橙"这个词，可能错选了"县城"，你想打"环境"也可能错选了"幻景"……加上拼音方案是记录普通话的，有方言口音的人容易输录出错，有些公司的计算机技术也就想出一些容错的办法。比如，很多方言分不清z、c、s和zh、ch、sh，计算机设计会用这种办法容错："差异"正确的输录是chayi，万一江浙沪的人打成了cayi，输录栏里会出现"差（cha）异"，一方面让你打出了所需要的词，另一方面也告诉你这个词的正确拼音是什么。还有一些"记忆法"的技术，用的字多了，这个字会自动往前排，有一些多音节的短语、短句，也可以一次连打，只打声母。比如：输"中华人民共和国"，只需要打"z、h、r、m、g、h、g"，输"今天我休息"，只需要打"j、t、w、x、x"等。用字量比较大、速度还要加快的输录，最好是没有重码，音码就不适用了，就要设计一种形码，形码输入是分析汉字的形体，根据汉字的部件、笔画、结构方式等特征，将不同的字编成不同的交换码，在键盘上打出来。如果区别的特征找得科学，键盘的分布比较合理，重码率会很低，甚至可以没有重码，实现盲打，也就是不看键盘就能输录，速度很快。

针对汉字整理、编码中出现的一些问题，国家语言文字工作委员会陆续制定了一系列规范：《信息处理用GB13000·1汉字部件规范》《常用汉字部件规范》《汉字笔顺规范》等，正在制定的还有《常用汉字楷书字形规范》《古籍印刷通用汉字字形规范》等。部件规范既是为了科学地编制交换码的形码，也是为了科学合理地按照汉字的结构分析讲解汉字。字形规范既是为了计算机里的汉字统一、正确、美观，也是为了在文化建设中整理汉字，让汉字顺利地走向现代。

  在这里，我还要再次特别说一说笔顺规范的问题。我记得之前曾说过，就写字而言，笔顺虽然很重要，但是也只需要了解一个笔顺规则就可以了，国家语言文字工作委员会定的笔顺规范把每一个字都定得很死，又对笔形也严格排了队，这是为了给汉字排序。排序涉及的问题很多，比如编辞书、作索引、定名录等，如果不严格，就会产生争议。在这里，我还要说明一点，笔顺与计算机交换码的编码也有直接的关系。前面我们说过，交换码很重要的一点是尽量让每个字都有一个自己的码，避免重码。因此，常常需要在汉字自身的结构因素中寻找区别因素。首笔、二笔、末笔都可能被选为区别因素。所以，国家语言文字工作委员会把笔顺排得非常固定，也是适应计算机编码的需要，就更不需要让一般人特别是孩子去死记硬背了。

  以上这些问题，有过计算机输录经验的人，只要一打开计算机，就能够碰见，但是不少人还弄不清楚是怎么回事。这里简单讲一讲，也还不能让大家全部明白。因为中文信息处理已经是一门专门的学问，而且发展得很快。我们在这里告诉大家这些情况，应当使大家明白以下问题：

  应当看到，20世纪八九十年代以后，全世界进入了信息社会，汉字进入计算机，汉字印刷告别铅与火的时代，这是一场震惊世界的革命，有着划时代的重大意义。同时，古老的汉字也遇见了很多新问题。从此，汉字的作用有了极大的提升，属性也发生了很大的变化,我们对汉字的观念也要随之有所改变,不能只把它看成一种个人书写符号,而要把汉字问题看成发展国家软实力的一个要素。

还应当明白,汉字经历了数千年的演变,非常丰富,但也有很多对于今天无用的、冗余的成分,越积越多,不但不是现代应用所必需,而且对现代应用有所干扰。所以,梳理它的历史发展脉络,科学地整理汉字,保留它有利于现代社会发展的精华,做好汉字的规范化、标准化工作,才能使汉字适应信息社会的需要。充分认识信息时代汉字规范化和标准化的重要意义,使汉字的规范化和标准化顺利推行,这是每个公民必须具有的文化素养。这一点,对于我们,是比多认字、写好字更深一步的要求,我愿意与大家共勉。

如果我们更加自觉地生活在今天的信息社会,还可以看到,在信息社会,汉字问题既是深刻的文化问题,又是高精的技术问题,文化和技术,二者在互联网上紧密结合,已经成为我们的一种生活方式。获得更多的汉字汉语信息化知识,能使我们生活得更好;而建立良好、健康的网络道德与风气,是我们大家共同的社会责任。在今天的社会,我们必须善于学习,不断进步,才能追赶上这个一日千里飞速发展的时代。

现场问答

问：王老师，您好！刚才您提到目前对笔顺的规范，主要目的是解决汉字的查检、计算机排序的问题。我是从事对外汉语教学的工作者，在教学过程中，也会面临一些关于笔顺的具体问题。举例说来，按照一般的书写规则，汉字是先写左边，后写右边，但是"方"字的笔顺，根据教材和国家的标准，则是先写折，后写撇。这就造成教学过程当中的一些疑问。像这样的问题我们应该怎么看待？在实际的教学环节当中，应该如何处理这些字的笔顺问题？想听听您的意见。

答：很理解您在教学中遇到这样的问题。我一直主张，对汉字的书写笔顺问题，有两个基本的着眼点。在国家笔顺规范层面，其目的是为了有便于统一的汉字排序、计算机编码。至于日常书写层面，则应当按照基本规则，同时给个人的书写留有余地。

在日常书写中，不管是教外国人还是教中国人写字，特别是小孩学写字，笔顺是前人书写中积累的经验，目的是为了写好字，只需要告诉他们基本规则就可以了。例如，书写时先上后下，这就是基本原则。以"方"字为例，如果有人标新立异，故意先写撇、折，后写上面的点、横，那是不允许的，这是因为起笔无依托，一定写不好。至于"方"是先写"撇"还是先写"折"，这个问题并不重要，两种方式都能写好。在合乎规则的情况下，还是有一些自由变通的余地。教写字时，对刚刚提笔的学生，不管是大人还是孩子，对于笔顺不妨要求严格一些，或者说指导具体一些。随着写字渐渐熟练，只要有基本规则就足够了。

在最近的北京市中考中,曾经出现过这样一道题:考查简化字的"为"字的笔顺。标准答案是先写力,后写两点。这样的题目,除了促进学生的死记硬背,并没有太大的意义。多数人写"为"字都是按照"点—撇—折—点"的顺序写,这是按照传承字"爲"的习惯着笔的。"为"是个草书楷化字,写草书的时候为了减少笔程,也可以写成"右上连笔内转,最后点点儿"的。但是既然已经"楷化",当然应当按照楷书的笔顺写。所以这道题不但出得违背语文教学改革精神,而且标准答案也欠妥。

但是我们也有必要告诉学生,在按笔画排序或按笔顺查字的时候,国家语言文字工作委员会的笔顺规范还是要遵循的,如果不清楚具体笔顺,在字典上可能会查不着相应的文字。例如前面所说的"方"字,如果按先撇后折的顺序查,可能查不到。那也不需要死记硬背,按照规则,两种排法相差也不会太远,万一查不着,改一个办法再查就是了。

问:王老师,您好!刚才您也提到中考和高考的问题。我就是今年刚刚参加完高考的学生,在高考备考的时候,会遇上拼音输入法将俗读字音设为优先选项,而字典正音反而检索不到的问题。例如,在拼音输入法中,根据字典,"国库券(quàn)"这个词,应该是音quàn,但是在一般的输入法中,输入"国库juàn"则反而可以输出。由于大家都将这个词误读为"juàn",输入法为了让更多的人使用,就将很多人误读的语音收入在词库中,成为优先选项。而不少考生常常在网上码字,在备考的时候就会沿袭错误,选了有误的选项。您觉得这种输入法的问题,应该怎么看待呢?谢谢老师!

答:首先我要说的是,这个题怎么出的我不知道,但出这样的题的意图就是让学生去分辨"卷"和"券"的读音。"卷"和"券"韵母相同，声母相近，一个是不送气的j，一个是送气的q，很容易读错。这种题是要让学生去记忆的。出多了也就有死记硬背的导向，不算是很好的题。

　　我在前面讲过，拼音输录因为怕有些方音影响找到该找的字，就设了一些容错的办法，大家管这种办法叫"模糊拼音"。除了我前面举出的z、c、s和zh、ch、sh以外，还有n和ng，n和l，以及一切容易错的单字的字音。这个功能是为了便于快速输入，本身的设计初衷是好的。设计这个功能的人正是因为怕误导了读音，才在"容错"打出来的字后面加括弧把正确的音注上。只是在打字时输录的人大都图快，很少有人下一次就改为正确的了，这对语文老师教学当然有所冲击。这就是社会需求和基础教育产生的矛盾。我觉得这个问题可以在网络上议一议，是让输录者错了打不出来终于费劲找到正确的读音以后能改过来呢，还是用"容错"的办法反而助长了错误呢？有没有一个两利的万全之策呢？基础教育和社会之间没有一个围墙。老师们遇到社会上，特别是网络、电视上不利于教育的冲击该怎么办，也是目前我们遇到的一个很深刻的问题。

　　问：王老师，您好！今天的讲座我收获很大。在听您的讲座之前，我认为汉字的规范主要是两个方面：一个是读音的规范，另一个是字形的规范。今天听完您的讲座以后，对汉字编码的规范有了深刻的理解。而今天的讲座也让我有两个想法。

　　首先，汉字有形、音、义，以及国际的编码。目前形、音、码都有了相应的规范。就读音来说，已经有了《审音表》，字形有了《通用汉字规范表》，编码则有了国际通用的字符集，但是就汉字的字义，目前感觉，一字多义的现象有很多。是否能够规范？怎样规范？

其次，讲座中有两点让我感觉特别有感触：一、汉字的规范和普通话的推广，这是国家行为，国家政府应该承担很大的责任；二、每个公民应该自觉地使自己日常的汉字使用向规范化和标准化靠近，这是公民自我文化素质的一个体现。但同时，我也有一个想法。我个人觉得，由于普通百姓并不是汉字方面的专家，不可能像专家那样了解汉字、了解规范，那么国家在这方面，是否可以承担一部分的推广和普及工作呢？目前，普通民众对这些规范文件的了解很不够，国家是否可以建立一个网站，供全国的网民免费地查阅、下载，以了解这些规范？而全国有2.7亿部手机，我们的日常生活也离不开手机，倘若手机上也能预装这些内容，通过国家的政府行为以及运营商的合作，一起推动汉字使用的规范化和标准化，是不是会更好？

答：这位先生想得很好，说得也很有道理。我分几个问题来和大家讨论。

首先就意义的规范这个问题来讨论。我们要明白，通常说的"字"的意义，和词的意义不是一个概念，应当分两个层面来讨论。第一，字意指的是一个字的造字意图，也就是字理。这个字体现哪个词的哪个意义怎么设计出来的。要解决字意问题首先要分析汉字的结构，有时候分析现代汉字还不行，还要上溯到早期的字形。目前已经有了适用于基础教学的汉字部件规范，但是并不等于是字意规范，要对一些汉字该怎么讲加以规范目前还做不到，我们在汉字研究第一线工作的人争取多做一些科学分析的工作来帮助老师们科学进行汉字教学。第二，说的是词的意义。一个词有哪些意义也很难出台一个规范。这首先因为词汇处于随时变化之中，每个词在不同的语境里会有说话人自己的经验在内，概括为一个义项也很难有一种表述是很周全的。词汇的规范只能通过一些比较权威的词典来实现，这与文字规范的强度也是很不一样的。从1956年起，我国曾经尝试做过这样的词汇规范的工作，而最后的产物，则是《现代汉语词典》的诞生。应当说，《现代汉语词典》最初就是为了词汇规范而编辑的一本辞书。直到今天，在社会应用领域特别是考试中，它的权威性仍然有所体现。对一线教师来说，《现代汉语词典》历来都是语文课程重要的参考用书。

词义的归纳、切分，是一个理论上值得探索的问题。举例来说，"粗"和"细"是人们经常使用的词，但对它的义项划分，在实际操作中是见仁见智的。我们常说头发细或粗，也说钢管细或粗，虽然大小差别很大，但这里的"粗""细"，指的都是横断面的大、小，把它们归纳为一个义项好像争议不大。同时，我们还会说，这是"粗米"，那是"细米"，这指的是米的精度，和前面是不是一个义项？我们还说这人想事儿很细，做事也很细，那人想事、做事很粗，这里的"细"和"粗"也说的是精度，与米的"粗"和"细"，状态大不一样，是不是一个义项呢？这些问题讨论起来都会有截然不同的意见，涉及很多专业的问题，这都可以看出，意义在操作上如何去划分，又如何解释，是很难规定和规范的。

再说国家对规范的宣传。国家语言文字工作委员会已经有一个"语言文字网"，也办了《语言文字报》，但是关注的人很少。这是因为大家还没有体会到汉字、汉语规范的重要性，没有体会到语言文字规范不仅对语文老师和语言文字工作者比如主持人、演员、宣传干部等很重要，对我们每个人都很重要。我相信，只要大家进一步认识到信息时代汉字规范的重要性，一定会为了自己有更多的收获，也为了国家软实力的增强，关心汉字规范化这件事的。

第九讲

汉字有危机吗？
——汉字与当代社会

禮 祀 福 祖 祠

近些年来,"汉字产生了危机"的说法,通过网络在社会上传播得很广泛,使一部分人心生疑虑,感到困扰。有人说,有了计算机,大家不爱写字了,汉字因而产生了危机。也有人说,简化字影响了两岸交流,妨碍了传统文化传播,因而产生了危机。还有人说,汉字在国外传播时,被认为是教学的"瓶颈"、难点,也显示出一种危机。汉字是否面临着危机?是否能够适应当代社会?这成为大家关注也必须回答的问题。所以今天这一讲,我们就来讨论一下汉字与当代社会是否适应和如何更好地适应的问题,标题就用大家提出的问题:"汉字有危机吗"。

先要说明,认为汉字有危机的人们,都是关心汉字、热爱中华文化的。提出这个问题,是一种弘扬祖国文化的情怀,是很可贵的。这就更需要大家来统一认识。

我们首先来看看认为汉字有危机的人们担心的是什么。第一个担心是在现代社会,人们都用计算机和手机传递信息,书写汉字的机会减少了。大人、孩子都不写字,我们那么漂亮的文字,有些人一出手写得歪歪扭扭,让人汗颜。这种情况确实存在。但使用计算机就是汉字的危机吗?我们把字写得不好的"账"算到信息技术发达的身上是不是妥当?汉字是否要时时事事手写？人们手写汉字少了是不是就有了危机？我们回过头去看看历史，早期的古文字，甲骨文是刻在牛的肩胛骨上，金文是铸刻在青铜器上，它们也不都是手写的，即使先写后刻铸，也不是人人都写。在汉字发展的历史上，书写工具和载体不断改换，也不断进步，这是一种非常正常的现象。前面我们说过，汉字如同建筑，首先是一种实用的符号系统，它是否适用于社会，首先要看它为社会服务得好不好。我们已经看到，汉字进入计算机以后，信息传播的速度和广度都大大提高，尽管书写汉字的机会似乎在减少，但在互联网时代，人们接触汉字的机会实际上是增加了很多倍。就拿小孩子在网络上玩游戏来说，计算机的操作提示也是汉字；通过计算机的打字、输录，快捷的E-mail也正在逐渐取代过去的书信联系；这些不都是汉字在起作用吗？应当说，汉字进了计算机，存废之争画了一个句号，汉字的危机已经消除了。

大家会问我，不写字难道是一种好事吗？将来我们只用计算机，一写字就"露怯"，还像中国人吗？问得好！书写是一种基本的文化素养，只看别人写字，自己不亲身去实践，这种只认不写的状态，让人难以有文化体味，人与字之间也不能产生亲和感。任何一个国家，任何一位国民，为什么都要去写字？一方面是出于实用，因为需要借助汉字才能传递信息。但是更重要的一点是，实用书写里包含着对提高文化素养的要求。汉字具有自然审美的性能，笔下渗透着人的心态和情谊，写字不仅仅是技术，是传播信息的手段，更是一种情趣。字如其人，写字传递的不仅仅是信息本身，还有亲情、爱情、友情，一种亲临探望的温馨，一种人文的关怀。利用计算机打出来的信和用笔书写出来的信，两者传递的信息是不同的，后者能比前者更好地传递人与人之间的亲和感。无论到了什么时候，计算机也不可能完全代替手写。你可以用计算机来写文章甚至记日记，你可以用录音笔代替做记录，你可以用微信给家人问安，甚至你还能用计算机处理日常事务，读书用电子版，用计算机写眉批、旁批。但是，为什么那么多人不用计算机而用手写？不是因为手写更方便，一支笔而已，而是他们习惯手写。想写字、爱写字，是一种文化体验。我们没有了这些，是因为计算机阻碍了我们吗？不是，是我们文化素养低了，急功近利多了，精神家园荒芜，审美感觉淡漠，我们是要认真反思的。在基础教育里，认字盛，写字弱。因为我们不要求、少训练。所以，教育部从2015年起小学三年级到初中，每周有一节毛笔书写课，如能慢慢实行，是一件好事。但是，提倡写好硬笔字，更为重要，因为那毕竟是现代的写字方式。练毛笔字是一种体验，还是为了写好实用汉字。

尽管我们书写汉字的机会越来越少，但是书写的减少，并不会造成汉字的危机。造成汉字危机的主要因素，在于全民素养的有待提升。现在社会上有一种戏谑汉字的现象，就是拿汉字开玩笑。比如说，有些广告，为了达到宣传的效果而乱改成语。做餐馆的将"十全十美"改成"食全食美"；开澡堂的将"随心所欲"改为"随心所浴"；做股票的把"五谷丰登"改为"吾股丰登"……这样的用法是一种修辞手段，固然有幽默成分在内，但是如果成为一种风气，随意乱改，这种现象越来越多，不但已经感觉不到一点创意，反而使人感到在拿成语开玩笑，扰乱汉字的正常使用，误导正在学习阶段的孩子，也使大家对汉字的尊重感渐渐淡薄。成语是带有韵律的四字格，是汉语独有的一种词语，社会对它的混乱使用，会影响到成语的学习和传播。因此，我们看到的，不是汉字本身有了危机，而是我们对全民文化素养的提高关注得太晚。全民素养的提升，首先要从基础教育入手。在童稚的时候就要把字写好，这要靠几代人才能实现。面对这个问题，社会教育要跟上，成人更需要补课。我们为社会的美好，为了自己对民族文化的感情，去提高素养，去写好字，这是不带任何功利色彩的。如果很早我们就开始注意，社会现在也不会是这个局面。

其次，汉字难教、难学是它的危机吗？在母语领域里，学习表意文字是不难的。因为汉字是两维度的方块字，相对于表音文字，可识别的程度要高一些。另外，由于意义就在语言中，字与字之间互有关系，会说汉语的小孩子，只要学习得法，对汉字的认识就不会太难。那么，跨文化的双语学习在文字上有没有难度呢？当然有。就像中国人学习英语时，由于对英语词根不很了解，因此掌握英语也是不容易的。对外国人而言，学习汉字时不清楚汉字的构意，不懂得字与字之间网络般的关系，不懂得对汉字先教什么、后教什么会影响学习的效果。因此，在双语教学领域里，汉字教学成效不大，成为"瓶颈"，这不是汉字的危机。跨文化的双语学习在文字上各有各的难度，拼音文字和表意文字优劣互补，真正的困难在于文化的沟通与理解。不同语言的字与字、词与词都不是完全对应的。因此，对外汉语教学，也要教学得法，理念正确。汉字在教学中被视为"瓶颈"、难点，我们的英语教学，从幼儿园教到博士，还有相当一部分人过不了关，就没有效果差的问题吗？教不好汉字，就改进教学，好好研究汉字教学规律。这些年我们已经注意到对外汉语教学中的汉字教学，问题会慢慢解决。试想一下，20世纪80年代以前为什么我们没有提出"瓶颈"问题？因为国家没有对外交往，国外没有那么多人学习我们的汉字。现在世界上学汉字的人骤增，才出现了这个问题。这不正是汉字在当代的发展吗？怎么会是危机呢？教学产生"瓶颈"是因为教学方法和教学理念经验不足、研究不够，要改进，而不是汉字自身的危机。

在汉字教学中，还有一个问题值得注意，那就是拼音教学与汉字教学的结合问题。过去曾有一段时间，主张取消汉字、直接改为拼音的呼声很高。但是，在汉语汉字学习过程中，任何一个语音的拼写、教学，归根结底，要落实到汉字的学习上。汉语的语音是跟着字走的，没有字，光有音就无法猜出所要表达的意思。因此，拼音方案不是拼音文字，汉字教学时使用拼音固然很重要，但是一定要把它附着到汉字上。这些汉字问题如果我们很早就关注的话，汉字教学应该也不是很难的。

最后，简化字是否影响了两岸交流，妨碍了传统文化传播，产生了汉字危机呢？这个问题涉及两岸对汉字古今关系的不同处理。大陆的做法是：现代汉语和古代典籍用字既分开处理又加以沟通。为什么要分开处理呢？目的是为了减轻现代用字的负担，而且这样的做法国际目前也已经接受。但即使分开处理，由于现代规范字里有一大批从古至今都没有发生变化的传承字，因此现代汉语和古代典籍用字中的大部分字都还是相同的，现代用字和古籍用字又是沟通的。台湾地区则是采取古今一致的原则，这样做的好处是对历史继承有利，但在现代应用领域负担会比较重。因此，这两种处理办法各有利弊。

如果我们对古今用字不加以区别，会有什么负担呢？我们看一下古今用字的字量和字频的情况表：

普及型古籍	总字数	字种数	与现代汉语3500个常用字比较	与现代汉语高频字字种差异
"三百千"	2708	1462	共字74.27%	前100个字共字47个 前300个字共字190个
"四书"	56764	2320	共字76.76%	前100个字共字64个 前300个字共字127个

"三百千",指的是《三字经》《百家姓》《千字文》这几本古籍,是古代教给幼儿念字认字的蒙学读物,也是最具普及性的古籍。它的不重复的总字量一共有2708个。其中,字种数是1462个。什么叫字种?就是写法、构造不同,但是记录同一个词的字。一个字不一定是一个词,但是一个字种就是一个词,1462个字种就意味着是1462个词。它跟现代汉语的3500个常用字比较,有74.27%的字是相同的。但字的频度是不同的,频度高的前100字中,相同的共有47字;前300字中,相同的字共有190字。这个数据说明了什么?这说明古今用字情况是不同的,现代用字中的高频字可能在古籍那里是低频字,反之我们的低频字可能就是它的高频字,比如像"之、乎、也、矣、焉、哉"这些虚词,它在古代文献中绝对是高频字,而在我们当今生活中有一部分几乎不用了。我们再看"四书"中的用字情况。"四书"是《论语》《孟子》《大学》《中庸》这几本古籍,经过宋代朱熹的章句、集解,后人合称为《四书章句集注》,并作为教育课本使用。它已不是童蒙识字,是中等教育读本,因此字数比"三百千"要多。"四书"的总字数是56764个,字种数是2320个。它跟现代汉语的3500个常用字比较,有76.76%的字是相同的。其中频度高的前100个字中,相同的共有64个字;前300个字中,相同的共有127个。这些数据同样说明了古今的用字是不同的。现代的人去读"三百千""四书",就要在现有字量的基础上,再去认读现代语文生活中不常用或几乎不用的字,这就是负担。

大陆在现代汉语书写时用的简化字,有四百多个是个体简化字,两千多个类推简化字。之所以推行简化字,是因为既好写又容易识别。汉字笔画变少后,变得简单,容易记住,这样在识字、写字方面的负担就会减轻，可以实现全民扫盲。但是它也有不好的一面，就是使现在的汉字和历史有一定的脱节。那我们为什么还要这么做呢？这涉及我们特殊的国情。抗日战争的时候，中国人口号称"四万万五千万"，就是四亿五千万。到新中国成立，中国人口已经到了六亿。发展到现在我们有十三亿多人口。面对这么多的人口，想要实现文化教育普及，还让大家去认读古字，必定会给大家增加负担。古时候的字繁难，学习认字、写字的时间都要比简化字长，这样文化教育的进程也会缓慢。而且当时城乡差别大，教育还不是很普及，在这种情况下，我们必须要分开处理，以推进全民全社会的普及教育。而台湾地区则不同，地少人少，在文化教育普及方面，仍然沿袭历史用字，也是行得通的。大陆基于自身的情况和目的，采用简化字的方式，同样也不存在危机。在做《通用规范汉字表》的时候，有人提出恢复繁体字。我总是让他们看看丰子恺先生的这幅漫画。我说："丰子恺先生可是饱学之士、书法家呀，看看当年他对简体字最朴素的评价，'不难写'三个字，可不是为他自己说的，是为了更多的老百姓呀。"其实，在文化教育的推进上我们还占有优势。我们目前的古籍印刷一般有两种方式：一种是原图扫描，要求底本好，一般选用好的版本，如古代善本、宋代雕版等；另一种是做成文本。从目前来看，我们的古籍印刷和整理是处于领先地位的，无论是速度还是质量都越来越好！

因此，将现代汉语和古代典籍用字区别处理，对现代社会的发展是有好处的。而且，我们也看到推行简化字的汉字并没有给我们带来危机。汉字进入计算机后，反而走出了困境。正如我们在上一讲中所讲到的，如果汉字进不了计算机，那么所有的信息都要翻译成英文才能传递，而这样的转换，不仅影响信息传播速度和信度，甚至也会丧失汉语独有的韵味和特点。比如《离骚》开篇四句话："帝高阳之苗裔兮，朕皇考曰伯庸，摄提贞于孟陬兮，惟庚寅吾以降。"如果要译成英语，就变成我的姓名是什么，我居住在哪，我的父亲是谁……成了一个履历表，完全失去了古文的韵味。

说到这里，大家应当已经了解了我的观点——汉字是适应现代社会的，它进了计算机，也就解除了危机。担心汉字危机，不过是"关心则乱"，我们应当信心十足地来面对古老又崭新的汉字，让我们的下一代学好它。有了它，中华文化的传承与传播一定会做得更好。不知大家是否同意我的观点？

汉字没有危机，是适应当代社会的，但不等于说汉字已经万事大吉。目前，信息社会的发展非常迅速，汉字的整理和标准化跟不上形势，这是我们当前需要迫切解决的一个问题。我们先来看看汉字规范的重要作用：

信息时代的到来，使过去的汉字规范不能满足社会的需要，制定新的规范成为刻不容缓的任务。在信息时代，发展政治、经济、文化的重要条件，是及时和准确地获得必要的信息，并把需要传播出去的信息及时和准确地传播出去。计算机成为传播信息的工具，实现了信息传播的高速度、远距离和高度的社会化。由于信息的远距离传播，输出者与接收者是两头不见面的；在重大问题上，信息传播的两端已经不是一人对一人，而是一国对另一国、一个群体对另一个群体，信息的社会性得到了充分的体现。在这种情况下，汉字规范的作用就更加凸显出来，可以说，有了汉字这种传播载体的标准化，才能实现信息传播的速度和信度。何况，经济建设的高潮，必然带来文化建设的高潮。母语教育的发达和文化事项的增多，必然使汉字文本在网络上的传播数量激增。众多信息是利用互联网传播的,汉字问题会直接影响汉语信息向全世界传播的速度与信度。汉字作为信息的载体,如果没有规范,各自为政,对整个社会会产生多大的负面影响,是可想而知的。所以应当说,信息时代是汉字规范的必要性更加凸显的时代。

  信息时代的汉字规范对个人的影响也是十分直接而刚性的。在我们国家,户籍、邮政、金融、保险等行业的信息贮存和检索已经数字化,人名与地名不再依靠手动填写,已经全部进入计算机。过去,普通人名、一般地名用字的范围非常小,取名字采用生僻字的影响离不开自己的生活圈;现在,如果采用了一个计算机字库里没有的字,报名、取钱、发报、贷款、登机……都难以办成。这一点,我的感受很深。我上中学的时候,那个年代肺结核还没有完全根除,每个省市都设有"防痨协会",我们每隔一段时间都要去透视,找个人资料是要排大队的。由于我的名字简单,重名的很多,排到我那儿,找卡片时间就很长,要先排除男性,接着又按照籍贯排查,然后再根据年龄排查,最后还不行,只好问父亲姓名,才能找到。计算机自动检索哪里要这样费事!现在公民的二代身份证内都有一个集成电路,这个集成电路内存储可以辨别身份的相关信息,这些信息通过阅读机具就可以识读出来,因此买票、登机等很多事情都只要借助身份证的扫描就可以完成。但是你想过没有,所有的参数都是汉字实现出来的,汉字不给力、编码重复、缺字错字,都会酿成大错。汉字规范化、标准化的程度决定了我们工作的效率和生活的质量。

  过去,自然科学和社会科学专有名词术语只被科学家和专业人员使用,现在,由于科技知识的普及,技术应用的扩展,大量人才的培养要通过远程教育来实现,科技用字再也不能仅仅由某个行业中的少数人来确定。由于科学教育的普及，技术应用的扩展，科技迅速进入人们的日常生活，科学术语再也不能由某个行业中的少数人来确定，而需要科技人员和语言研究人员合作审定和探讨。比如说，近几年影响人们生活的雾霾，是因为大气层中的细颗粒物造成的，科技名称PM2.5，我们要给它取一个中文名称，让大众一听就懂。气象专家和语言学、汉字学家多次商量，汉语里适合细土的词只有"尘""粉""粒"，都不合适，容易和一般的"灰尘""粉末"混淆，性质被误导。最后定为"悬浮颗粒"。新发现的物质元素111—115号需要定中文名称，也要考虑汉字问题。

我还要告诉大家一个汉字定为根域名的问题。2012年6月，中国申请用汉字".政务"作为"中国政务机构"社群的根域名。我们现在常见的根域名比如".com"".net"等，都是英文的。".政务"根域名首次用汉字做根域名。在争取这个根域名批准的论证中，我们的理由是：（1）用汉字记载的"政务"一词古已有之。在《四库全书》中，"政务"共出现1121次，最早在东汉已经用来指称官方（宫廷和地方官吏）对国家的管理事务。"政务"一词的历史含义，用来反映现代中国的国体与政体，是非常准确的。（2）从"政务"一词的现代含义来看，"务"从"力"，指的是做事，"事务"指"所做的或要做的事"，"业务"指"个人的或某个机构的专业工作"，"政务"则指"关于政治方面的事务，也指国家的管理工作"。这个意义也是适合的。"电子政务""政务人员""政务公开"等名词，已经成为使用频度很高的词语。（3）"政务"用作全国和地方的政治管理机构和管理事务的名称，在现代中国早已如此。我国各级地方政府和部门都有政务网站，作为政务公开的一种措施，在这些网站上，可以查到各种政务信息。可以看到，论证这一问题离不开语言文字角度，汉字进入国际互联网也更深入一层了。

有人看了《通用规范汉字表》，说三级字表里有很多"生僻字"，其实，那都是通用字，在信息时代，汉字"通用"的概念也发生了深刻的变化。过去"通用字"既是人较常看的，又是人较常写的。信息时代的通用字，必须包括人们较常看却不较常写的，因为计算机代替了人写。比如西药名，很多是用化学成分表示的，只有医生从计算机里输出，可是有多少病人和家属要看。装修材料、化妆品说明书，也是从计算机里输出的，但有多少用户要看。牛奶里添加"三聚氰胺"，过去，"胺"字有多少人认识？现在大家虽然不写，却已经老幼皆知。所以，"通用"必须包括计算机储备的通用性在内。

印刷早已经告别了"铅与火的时代"，激光照排成为出版的主要手段。扫盲的课本、姓名的登录、古籍的整理、辞书的编纂、汉语的对外传播、地图的绘制，各种领域对汉字规范的特殊需求越来越多。众多信息都是利用互联网传播的，用字量大大增加，字的频位不断调整，缺字和错字会直接影响汉语信息向全世界传播的速度和信度。在这种形势下，汉字的规范已经是有关国计民生的大事，为了适应这种新形势而制定规范的重要性已经不言而喻了。

在第八讲中，我们介绍过汉字的字符集问题。目前，我们有了《信息技术通用多八位编码字符集》，这个字符集扩充到E，已经有八万多字。前面我们讲过，这个字符集整理得不是很好。这里还要让大家知道，在字符集中，积淀了太多的字形，也就是给了很多字一个"户口"，其中很多字没有用处。例如：

"鱽、鱻、敓"这三个字，是来自甲骨文的隶定字，尽管现代人几乎不用，但因为隶定字要用来指称古文字，给古文字排序和查找，字符集中还保留着是应该的；但今天写现代汉语的文本，这些多余的字形只会起干扰作用。汉字不是越多越好，而是实用而不冗余为好。例如：

"集"字，今天的字形由"隹"（短尾巴的鸟）和"木"组成，表示鸟停在树上，但在《说文解字》中还有一个籀文，隶定成"雧"字，表示多只鸟停留聚集在一起。"集""雧"实际是同一个字，但它们都在多八位编码字符集里。现代汉字字符集没有必要收"雧"。

"訄"读qiú，表示紧迫、紧急的含义。章太炎先生有本书叫《訄书》。訄字的构形，由"九"和"言"组成，根据两者之间笔画处理的不同，有两种写法，"訅"是左右结构，"訄"是包围结构，实际是同一个字的异写字，同时收录在现代汉语字符集中也没有必要。

"泪"和"淚"是不同造字方式产生的异构字，"卡"和"咭"、"跕"和"踞"是因方言而产生的异构字。

除此之外，由于书法的随意性及其流传，也产生了很多不同的字形。上述例子让我们看到汉字字形的复杂情况，有些实际是同一个字，但有不同写法；同一个部首，在不同的汉字中又有不同的变体。如果纯粹储存字形，我们都可以将它们收入字符集中，但是汉字是要使用的，在实际使用过程中，如果这些历史字形不加以整理，会极大地影响汉字信息化的进程。

那么，多少字我们就够用了？做一个输录现代汉语文本的字符集，不可能把一大堆生僻字放进去，只能集中通用字。哪些是通用字，不是任何一个人说了算的，是要经过测查的。我国著名的语言文字学家、今年110岁的周有光先生提出了"汉字覆盖递减率"这一理论。他用下面一个表格来表示汉字覆盖率的减少模型：

字种数	增加字数	合计字数	覆盖率
1000	1000	1000	90.000%
1000	1400	2400	99.000%
2400	1400	3800	99.900%
3800	1400	5200	99.990%
5200	1400	6600	99.999%

覆盖率指的是一个汉字能够在多少今天的现代汉语文本里被使用。按照周有光先生的计算模式，最高频1000字的覆盖率是90%，也就是这1000字已经包含在90%的文本里，每增加1400字，覆盖率大约只提高十分之一，按照字频往下排，汉字的覆盖率的增加会越来越少，到了一定的程度就不往上涨了。这个估量的模式有多大可靠性？我们在研制《通用规范汉字表》时做了一个实际的测算。我们采用了国家语言文字工作委员会现代汉语平衡语料库（9100万字符）作为基础语料库。加上北京语言大学所做的现代新闻媒体动态流通语料库（3.5亿字符）等其他语料库作为辅助语料库，测查了社会用字覆盖率，具体用函数图表达：

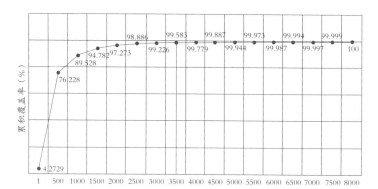

从这个函数图里可以看到：汉字在1000个字的时候已经覆盖了现代语料的90%以上，到了3500个字以后，覆盖率已经达到99.5%左右，到了6500个字，能达到99.9%，基本上涵盖了人们现代语文生活的用字。考虑到有一些专用字在普通语料里收集不到，又补充了1605个专用字，包括姓氏人名用字651个，主要来源于1982年全国人口普查18省市抽样统计姓氏人名用字、公安部提供的姓氏用字及部分人名用字、古代姓氏用字和有影响的古代人名用字。地名用字404个字，主要来源于民政部和国家测绘局提供的乡镇以上地名用字、部分村级地名和部分自然实体名称的用字。科学技术术语用字280个字，主要来源于全国科学技术名词审定委员会提供的56个门类科学技术与人文社会科学的术语用字。中小学语文教材的文言文用字357个字，主要来源于中小学语文教材文言文语料库。以上字数合并去重，逐一甄别，最后为1605个字。

2013年国务院发布的《通用规范汉字表》，是对现代汉字科学调查的结果，这个字符集切合多八位国际编码的码位以后，用来输录现代汉字，就可以提供给全世界输录汉语用了。下面用图表展示字表收字的情况：

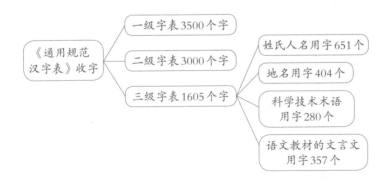

在汉字的计算机字体方面，宋体、仿宋、楷体、黑体是大

家熟悉的四种计算机主用字体。宋体字日常常用，仿宋主要用于公文文件，楷体属于书写字体，小学一年级到三年级的教材都用楷体印刷，黑体字则用于印刷标题。以这四种字体为主用字体的字符集，一般具有基本集的字数（20902），如果是超大字符集，能达到扩充集B（70195），如方正超大字符楷体、超大字符宋体。另外，计算机还有一些非主用字体，如颜体、魏碑体等。应该说，这些字符集的数量已经很庞大了，能够满足基本需要。

在文字输录方面，拼音输录是目前最常用的输入方式。而形码输录则提供较大的字符集，因为有些生僻字无法识别，也难以读出来，语音输录不适用。拼音输录和形码输录如果遇到无法拆分的字形，计算机还有专门的手写板，可以直接书写出来。

可以看到，从计算机的字符集储存数量和对汉字的呈现手段来说，已经为汉字的信息化做了很好的准备。如果说汉字在互联网上传递信息还是存在一定的困难，原因就在于它标准化的程度不够。

因此，标准化成为当务之急。在信息化进程中，缺字和字的冗余都对汉字的使用不利。所谓字的冗余，是指字符集收入了多余的汉字。这会造成几方面的不利：第一，造成认字上的困难，导致学习吃力，浪费记忆。第二，给信息处理带来一定的麻烦，基本集的20902个字就有冗余的字形，会影响扩充字符的选择，统计也会不准确。第三，造成辨认寻找的困难，无用实际重复的字形会造成索引不好设置，输录法也难以创建。有些字因为太生僻，"众里寻他千百度"也不一定找到。

因此，汉字既不能缺也不能多，如何做到这一点？这依赖于汉字的自身调节和人为规范。首先，汉字自身有一定的自我调节能力。汉字是汉语词汇的书面化，汉语词汇的发展是汉字数量的唯一参照系。当汉字词汇处于单音造词时，词汇系统中产生了某个词，也就需要相应的汉字来记录，造字是一种自发行为，会为一个词造出一些形体不同的多个字形，在使用过程中，汉字内部有一种"自组织"现象，根据汉字系统和社会需要，进行自我调节，有用并且优化的字形一般字频会高一些，社会用字的总数量也基本在职能需求的上下浮动。但是，汉字的自我调节能力有限，速度也比较慢。加上中华文明环境复杂、时代久远，在同一时代层面上呈现很大的自发性，所以还需要人为规范。中国历代都对汉字以不同的方式进行过人为规范的工作。如秦代有《仓颉篇》，是一种没有重复字的字书。汉代有《尉律》，是一种对官吏汉字水平考核的规定。根据《说文解字·叙》，"《尉律》学童十七已上始试，讽籀书九千字乃得为吏，又以八体试之，郡移太守并课，最者以为尚书史。书或不正，辄举劾之"，可知《尉律》规定了必须要掌握使用的字数，否则不能为官当政。唐代有《干禄字书》《五经文字》，规定在什么情况下可以用什么字。明代的《洪武正韵》，清代的《佩文韵府》，都是规定作诗的韵脚和用字的。

进入现代社会，我们同样也要对汉字进行人为规范，但是在规范方法和理念上，借助现代的统计理论、计算机的辅助，在操作上，比古代更为科学。

现代汉字的规范工作是出于适应高科技知识爆炸时代的汉字需求，这项工作如果缺少了国家的支持，很难由个人实现完成。与教育部合署办公的国家语言文字工作委员会就是专门从事这项工作的部门。《通用规范汉字表》发布后，国家语言文字工作委员会还组织编写了《通用规范汉字字典》《通用规范汉字表解读》，以帮助大家更好地理解汉字规范的历史、现实意义和

历代的人为规范

秦代
汉代
唐代
明代
清代

使用方法等。这些工具书，大家都可以使用。

汉字的现代化必须尊重和借鉴历史，在汉字发展史上选取有代表性的切面，分别对各个切面上的汉字构形系统进行整理，建立汉字共时资源系统。因此，甲骨文、春秋金文、战国秦文字、西周金文、楚文字、齐鲁文字、简帛文字、秦小篆、汉代隶书、唐宋楷书等都已经进入计算机，汉字的研究也采用了数字化的手段，不需要用海量的卡片来整理相关信息了。因此我们对于汉字发展的历史也有了更为清晰的认识。

信息时代使古老的汉字焕发了青春，从20世纪初开始，前两个三十年，社会还在讨论是否要取消汉字，要不要把汉字改成拼音文字，第三个三十年，我们已经认识到汉字不能废除，但如何为现代社会服务的问题还没有得到很明确的答案。发展到现在，汉字进入计算机以后，不但汉字行废的论争已经结束，画上了一个完满的句号，而且依托数字化，为了文化发展和大众应用的最高利益，我们制定了十分科学的、统一的规范和标准，更好地研究了它的历史，让它沟通了古今，适应了当代，已经没有什么危机了。我们相信，承载着5000年文明历史的汉字，将会生命久远，绵延不断地前行。

现场问答

问：您好王教授！在我上学的时候，曾经和一个来自台湾地区的同学交流过，他说，目前在台湾地区实行的拼音方案，好像和汉语拼音不太一样。在对外汉语教学中，他有这样的体会：汉语拼音以国际的26个字母为基础，因此外国人学习汉语拼音似乎很容易，学习台湾地区的拼音则很慢。但在拼音教学以外，我们也面临相同的困惑：不少外国人掌握汉语音读后，很难把语音和汉字关联在一起学习，掌握得比较慢。如何将我们的汉语更全球化一些，您有什么看法？

答：这是一个很专业的问题，涉及为什么我们的《汉语拼音方案》要用拉丁字母。其实给汉字注音的问题，早就开始探讨并有所行动。在19世纪、20世纪，因为汉字不表音，知识界一直设想建构一套拼音符号，有过很多方案。我们在第七讲曾经跟大家介绍过王照和卢戆章两位。1913年，由一批语言文字学专家成立了中国读音统一会，根据国语的实际音读，建构了一套拼音符号。这套汉语拼音符号以章太炎的记音字母作蓝本，称为注音字母，1918年北洋政府教育部正式颁行。1930年中华民国政府将注音字母改称为"注音符号"，正式的称呼是"国语注音符号第一式"。现在在台湾地区使用的就是这一套注音符号。大家可以在百度上搜集到这套符号和我们拼音方案的对照。这些符号的音形大都源于《说文解字》中的部首。我在上小学的时候就是用的这套注音字母。拼音方案推广后，大陆现在很多专业人员都不大会用这套符号了。它的拼写方法是三拼，即"声母–介音–韵母"。比如："花"拼为"ㄏㄨㄚ"，"家"拼为"ㄐㄧㄚ"，"群"拼为"ㄑㄩㄣ"等。注音字母可以横排，更适合竖排，符合汉语的实际情况。但这套注音字母的缺点，是不能和国际接轨，特别是在科技上用起来特不方便。所以用来教给外国人学习汉语是很不方便的。新中国成立以后，我们采用拉丁化的方法，制定并推行了《汉语拼音方案》，代替了注音字母，为推广普通话的拼写服务。

不过，需要注意的是，由于方言音系和普通话音系的不同，拼音方案是为了拼写和推广普通话而设计的，并不能拼写方言。例如广东话有七个声调，而普通话只有四个声调，调值也不一样，因此拼音方案"阴阳上去"四个调类用普通话不能表示广东话的声调。另外，在声母中，我们有z、c、s、zh、ch、sh、j、q、x三组塞擦音；但普通话中，没有舌叶音，而广东话中则有舌叶音。这样，拼音方案就不适用于拼写广东话的粤方言。其他方言当然也不行。

《汉语拼音方案》之所以采用拉丁字母，是出于国际化的考虑。首先，有了基于拉丁字母的这套拼音方案后，外国人如果要翻译我们的名字，就可以直接采用我们的拼音方案，不用再翻译成英文。比如，我的姓"王"，英文拼为Wong，我们的拼音是Wang。现在在英文文本里，可以直接用Wang。其次，拼音方案也涉及竖排和横排的问题。目前，大陆地区大部分书籍和出版物都是横排的，而台湾地区则以竖排为主。从传统来看，竖排实际上是植根于汉字传统的书写习惯，从古人在竹简上书写起，就已经采用竖排的方式了。在竹简这些经过加工的细长竹条上写字，势必是竖写的，这样的书写习惯，在中国延续了数千年。但当全球化的时代来临，当我们要去翻译、制作图表，应用汉字去解决科技问题，当然是横排来得方便。你想，数学公式和计算式、化学方程式、天文物理定律……都必然遵照国际通行的习惯横写，不能竖排。我们采用了横写的拉丁字母来拼写汉字，与国际接轨，是一种进步。从现在来看，我们当初的选择，是非常有前瞻性的。

在世界汉语教学中，采用拼音教学，为的是采用普通话——也就是我国的标准语来教学。一般说来，具有一定知识水平的人，都有两种母语，一种母语，我们叫作"自然母语"，说的是来自于父亲、母亲，自然习得的母语，在我国的大部分地区，自然母语往往是地方的方言。另一种母语，我们叫作"社会母语"，就是凭借基础方言规定的标准语。由于中国的方言众多，在全国范围内，采用方言交流，难免有地域局限。推广普通话，就有利于各地交流的方便。我们并不主张消灭方言，但是我们也认为，为了各地交流的方便，推广普通话又是必需的。我经常讲起我的一段亲身经历：我曾经有一位来自坦桑尼亚的学生，在北京学习汉语。学完回国之后，他第二次来中国，又到河南去学习了一段时间。我再见到他，他的话就都变味了，挂在嘴边的就是"你干啥咧？""咋着？"我问他在哪里学来这样的口音？他说是在河南开封。其实他没有到学校学习，是在市场上学来的。我问他，你说话人家外国人能懂吗？他说，我说给中国人听。其实，坦桑尼亚的学生学习河南话，虽然是个很特别的个例，但假设说，到了河南学一点河南话，到了四川后学说四川话，那外国人回去之后，怎么交流呢？跟中国河南、四川以外的地区的人又怎么交流？由此可见，对外汉语教学说普通话，语音的标准化是不能动摇的。

同时，这个故事也使我们看到，大陆和台湾地区在国际汉语教学中的地位的变化。在还没有改革开放的时候，由于我们和国外的交流不多，而国外的人学习汉语，主要是跟中国台湾人学。等改革开放以后，中国的国际地位、国际影响力不断提升，国外仰慕东方文化的游客，对大陆的名胜古迹、巨大的市场都十分感兴趣,在对外汉语教学中,不论是高端的汉语汉字学习者,还是短期的培训班,多半都转移到大陆来。我们需要做的,是在对外汉语教学中,把我们的标准用语,通过拼音方案,教给外国人,使外国人掌握中国的标准语。

当然在具体的对外汉语教学中,拼音和汉字教学问题,一直是个非常重要的问题。我也曾接受新加坡教育署的聘请,为那里培训华文老师。华文老师告诉我,在当地教华文的最大苦恼,来自于新加坡的国情:新加坡虽然华人很多,但英语是强势语言。在华文教科书里,拼音是加注在汉字上的。学生不注意汉字,只根据拼音读出语音。他们会说汉语,但不认也不能写汉字。从这个角度看,我们教给外国人读书、认字时,拼音方案就是个"拐棍",只是起到标注生字的作用。也就是说,对外汉语教学中,要真正教会汉字、汉语,一定要把《汉语拼音方案》跟口语结合在一起,加强汉字教学。

问:王教授您好,刚才您讲的是汉字的危机,是从汉字内在使用的角度来说汉字的危机,您认为没有危机。但目前来看,随着全社会对英语的学习,英语的语法也似乎对汉语、汉字的使用产生了一定影响。比如我们经常说的"不能再好了",似乎是受到英语句法"couldn't be better"的影响而来。对这种影响您怎么看?

答:这其实不是汉字问题,而是汉语的语言问题。两者又是相关的。我们的现代汉语,是一个"杂糅"的语言。什么叫杂糅呢?首先,是词汇上的"杂糅"。其实,五四运动前后一直到20世纪三四十年代,对汉语中掺杂英语词汇,有一种讽刺的说法,叫"洋泾浜"。人们之所以讽刺说"洋泾浜"的人,主要是因为那些人说的汉语,掺杂了英文词汇,中不中,洋不洋,似乎要显示出他们懂英文、留过洋的优越感。但在今天，在汉语中夹英语词汇，我们已经不叫"洋泾浜"了，为什么呢？因为很多西方进来的词，由于暂时找不到合适的汉语翻译，这些带字母的词汇，就进入了汉语，我们叫它"字母词"。像B超、X光之类的词，就是字母词的典型例子。尽管有些人反对这些字母词，但实际上，由于它们已经渗透到我们日常生活的诸多方面，暂时无法替代，这是外来词汇与汉语接触造成的。

其次，是语法的"杂糅"。从历史的影响来看，我们现在会认为，英文语法对汉语的影响很大。但如果去问问上了年纪的人，他们还会受到俄语语法的影响。这是时代因素造成的。不难看出，语言和外交、国际政治环境，客观上都有联系。就个人的发展来说，有一个现象也很有意思。我们可以注意到，一些学理科的人，表达意思往往句子写得特别长。为什么那么长呢？因为他们受外语的影响，经常写一些层次很多的包孕句。用我们语法的术语来说，叫作主谓结构作句子成分。在西方语言中，这种结构是通过关联词的使用来实现的。这些结构，并不适合汉语，给人的感觉就是"杂糅"。当代的一些外国小说翻译，经过翻译之后，很难看懂，即使读懂了，也兴味全无。究其原因，就是西方句法和中国句法的差异，以及翻译语句中的"杂糅"。这个问题，在真正的翻译大家那里，是不存在的。比如我们读傅雷先生翻译的巴尔扎克的作品，读起来非常中国化，是符合信、达、雅的标准的。语法杂糅，就是将西方的句法引入到汉语中，而未能完全切合汉语的表达习惯。

在当今国际化的交流环境中，由于语言间的翻译是广泛存在的，无论是口头翻译和交流，还是书面的翻译、交流的增多，外来语言或多或少地影响着汉语的词汇、语法的发展。所以我们说，现代汉语的语言不是很纯。其实，中国是个多民族国家，在汉语发展中，时时会有杂糅现象。借用启功先生的话，来做一个解答。启功先生说，古汉语也是广泛吸收各民族的语言，经历了漫长的历史历练而形成的。但是，语言在长期发展的过程中，经过筛汰，保留下了有用的，剔除了不切合汉语的因素，就比较纯净了，这是一个相当漫长的过程。对于现代汉语来说，也必须会有这样一个过程。将来，适合汉语的终将会留下，不合适汉语的终将会被淘汰。现代社会发展速度如此之快，国际化的程度如此之高，语言之间彼此不受影响，那是做不到的。

不过，引进国外的东西，不能没有原则。第一，翻译要准确，不能出错，否则会造成对外来东西的误读误解；第二，翻译完的文字，要使中国人能懂。目前，我们有很多论文，我们自己就看不懂。我经常说，一篇文章大家看不懂，可能有两个原因。其一，读者自身的知识储备不足。比如有一篇文章，介绍原子弹，而我对原子弹的原理不清楚，那就需要通过学习、补课，弥补知识储备上的不足。其二，写作者的话没写明白，他自己也没有真正搞懂，读者当然不可能看懂；或者他的语感出了问题，用半中不西的杂糅语言说话，弄得中国人、外国人都不懂。

在当代汉语中，外来词的比重不小。比如"沙发"，并不是中国人发明的，但已经进入中国的词汇中，现在还有人不懂沙发的吗？又如"番茄"，也不是中国人发明的，但已经广泛应用到生产、生活中了。所以说，由于国际的交流，文字、词汇、语法都会有所发展，这促进了不同文化间的发展。因此，在不把自己的母语丢失的前提下，对外来语法、外来词汇的问题，我们也要辩证地看待它。

问：王老师您好，先前您讲到，汉字最开始是繁体字，在新中国成立以后，为了扫盲和推广汉字的方便，我们采用了简体字。我个人觉得，在台湾地区，一直使用繁体字，在传统国学方面，他们的传承和发扬，可能比大陆要做得好。那么我的问题是，您是否赞成我们恢复繁体字，或者说至少尝试着去推广繁体字？谢谢！

答：这个问题，经常有人提起。但这并不是赞成或者反对的问题，要从整个社会环境的背景下去认识这个问题。

首先，简化字从1956年公布，至今已经有六十多年了，对大部分大陆民众来说，使用简化字，早就已经习惯成自然。语言和文字是社会应用领域的大问题，不是也不可能说改就改。改变文字，所需要付出的代价非常大。假设我们今天突然宣布恢复繁体字，那目前的各种图书、文件，都要改成繁体。就连联合国采用的简化字的文件，也要改成繁体。从目前来看，我们还没有必要付出如此大的代价去做这件事。

其次，很多人认为，大陆是简化字，台湾地区是繁体字，也有一些人看简化字觉得"不顺眼"。这是完全没有必要的。台湾地区，也有使用简化字的。我前段时间到过台湾。只要一出门，就能看见"台北车站"这四个大字。那个"台北"的"台"，并不写作"臺"，而是和大陆一样，写作"台"。在台湾地区的医院里，保护的"护"，诸如护士、护理等词，也并不写"護"，而是写作"护"。这种现象，就叫"手头字"。"手头字"并不是谁发明的，而是大家习惯的用字，目的是为了简单和书写的方便。大陆和台湾地区的区别在于，台湾地区，没有制定完整的简化方案，这些"手头字"都是民众沿袭通用的文字。而大陆则有一套系统的简化字方案，为简化规定了具体的操作原则。

我是做古汉语研究的，接触的是古代典籍，对我个人来说，阅读繁体字并没有问题。但在目前情况下，我主张不讨论恢复繁体字的问题，但可以讨论让大家多认识一些繁体字。有的人提出，从小学开始就应该同时学习简体字和繁体字，采用将繁体字括注在简体字后面的方法，让小孩子学习简繁字，我不是很赞同这个观点。假设是你的孩子，你愿意这样给孩子增加负担吗？我估计是不愿意的。这毕竟意味着，孩子读一本书，说一种话，要学两种字。这个方案并不可行。

但同时，我们也说，繁体字是不能废除的。从专业领域来看，如果是中文系、历史系这些面对古代典籍的教师和研究生，认识繁体字是必需的专业素养。对中文系的大学生来说，学习古典文学、古代诗词时，认识繁体字也是必需的。对历史系的大学生来说，他们也必须读得懂文言文，认识繁体字。如果学历史的大学生看不懂《史记》，读白话翻译的简体字《史记》，说出来，也恐怕是笑话。所以说，在专业层面上，繁体字一定是有必要保留的，这也是目前我国的古籍印刷大多采用繁体字的原因。前面我说过，我现在也正在做一个项目，名为"古籍印刷通用字字形规范"，古籍印刷通用字包括繁体字和传承字。

至于普通民众和专业领域之间，要求应当不同，但是就一个国家人民个人的文化素质来说，认识繁体字自然是越多越好，这有助于加深对传统文化的理解，也能促进与台湾地区的交流。个人的文化素质提升了，眼界就会更宽阔。

问：王老师您好！我想提一个和繁体字相关的问题。目前香港和台湾还有一些海外地区，华人报刊都是竖行、繁体。而大陆地区，除了个别的古籍印刷采用竖排，大多采用横排的方式。从古代竹简开始，中国传统就是看竖排的文字。我听过一个观点，由于两眼的距离，看竖排的长距离是很适合的，有纵深感。包括古代围棋，横竖格各19道，原本是正方形的，但对于视觉效果来说，则不是正方形，而是长方形的。如果从纵深感这种生理的感受来说，中国人适合看竖排版书。而西方人由于拉丁字母横写，所以它是横向书写的。

目前大陆民众的阅读习惯，已经是把这简化字横向来看，逐渐不适应竖版书，看着看着就串行了。但台湾和香港地区，仍然保留竖版阅读的习惯。您觉得繁体字、简化字，在横竖版排版上的前景如何？谢谢！

答：这个问题前面已经说过一些。改横排，适应现代，有利于国际化。传统的习惯来说，汉字确实是竖排的。这可以从汉字结构图示中得到证明。从汉字的结构平面图示中，以左右结构居多，大约有60%多，上下结构居少，大约只有20%。为什么会这样的呢？因为古代文字是竖排的，在竖排结构中，如果是上下结构的字，很容易把一个字看成两个字，或者把两个字粘连看成一个字。所以，左右结构居多，就可以证明，我们过去的书，基本是竖排的。

但是人的眼光，究竟是看横排还是竖排方便，我想，并没有能力上的不同，也就是说，既可以看横排，也可以看竖排。这是因为书的面积很小，并不是很大，无论是横排还是竖排，目光都是可以达到的。目前青年人读竖排容易串行，只是阅读习惯的问题，对我这样经常阅读古书的人来说，我不会串行。但刚才这位先生说到的围棋棋盘一事，应当说，人之所以看围棋棋盘的感觉是竖的，这是由于视觉透视的问题。弈棋的双方，各在一侧，在视觉效果上，会把原本是正方形的棋盘看成长方形的棋盘。但是，我们不能够根据围棋格看上去是长方形的，就说我们中国人只能看竖排字。

其实，台湾地区现在横排的书籍也很多。关于这件事情，我也有发言权。大约在2012年，我曾在台湾地区出版过一本汉字学的著作，在排版之前，对方的编辑询问我，是采用横排还是竖排？我考虑到在说解语音的时候，一般都是用拉丁字母的汉语拼音，用横排方便，此其一。其二，书中用不少例子来说明文字的发展、文字结构的变化。这需要用计算机上的树形图来完成。考虑到计算机上的树形图大多按照横排设计，我最终选用了横排来出版我的专著，也顺利出版。

如果要预测横排和竖排的前景，我想，这要结合科技本身的发展以及我们现有的图书的发展趋势来进行预测。由于横排对现代人特别是年轻人来说，还是比较容易适应，因此，以现代汉语写作的书籍中，横排会占很大的比例。但就古籍出版领域，则横排、竖排兼有，这更取决于作者对出版的要求。

第十讲

学汉字，懂汉字，爱汉字
——汉字科学与汉字教育

今天是"汉字与中华文化"系列讲座的最后一讲,这是全部讲座的最后一讲,也是总结的一讲。这一讲,我们的目的是"温故而知新",也就是把之前的知识联系起来,做一个总体的思考,来谈一谈汉字科学、汉字文化和汉字教育的关系。

我们先不讲学汉字而从懂汉字说起。汉字大家都认识,在座的没有不认识汉字的,就是在大街上随便找一个人,也很少有一个字都不认识的。即使极个别的人一字不识,看见汉字也不会觉得很奇怪、很陌生,这应该是我们大家都不会否认的事实;但是,说到懂汉字,就不一定人人都能做到了。

汉字和任何其他国家的文字一样,首先是一种实用性的符号,具有实用价值。我们要用它才会去学它,而不是完全因为欣赏而学习汉字。但是由于汉字是自源文字、表意文字,从古文字演变到现在,虽然越来越简便了,性质却没有变化,它总是蕴含着文化、蕴含着一种美。这种美是一种自然的美,你只是看它,就觉得它很漂亮,这就是汉字的审美价值。

如果以前大家仅仅是认识汉字,并能够把一个个字在电脑里打出来,那么听了关于汉字的知识,我们跟汉字应该像好朋友一样,朝夕相处了一段时间,不仅仅在千百种符号中把它认出来，而且更希望能够懂它。

什么叫懂汉字？我想从教孩子认字说起。孩子认字是从零开始的，说话也是从零开始的。如果仔细观察孩子，或者去回想小时候认字的过程，我们会惊讶地发现，孩子的认字，一般是不用教的，甚至他什么时候开始认字你都不知道。有的孩子认字很早，两三岁就认识很多了，他可以通过看电视、读画书、念招牌、认商标，认识许多身边的汉字。但是这时候，他并没有真正懂得汉字，而仅仅停留在"认字"的阶段。真正进入汉字的系统教育，要从小学一年级开始。在小学入学阶段，不管孩子认了多少字，老师都要把这些孩子当成一个字都不认识去教他。

如果孩子遇到的老师是睿智而且负责任的，那么，在老师的带领下，这个孩子有计划地认字时，同时也就慢慢地开始懂汉字，也就是理解汉字了。懂了汉字，就会学得更好。

汉字教育里有个很重要的词，叫初期积累字。我们做任何一件事情，都是从零开始，慢慢去积累。在人类文明发展的过程中，从没有文字到有文字，也是积累的过程。今天造一个，明天造一个，然后加以整理，最后就变成了文字的系统。

学习汉字也是一样，最早学习的字大概是三百到四百个，这一部分的字，我们可以称为"初期积累字"。在这一阶段的学习和掌握如果比较好，那么后边的汉字学习就会越学越容易；如果学得不好，就会越学越难，让孩子手忙脚乱。所以，无论是教给孩子认字，还是教给外国人认字，都需要有一个科学的教学程序，这个程序会直接影响以后认字的速度和质量。比如：我们要认识妈妈的"妈"，光认一个字就记住了，但你教给他奶奶、姑姑、姐姐、妹妹，这些字都有女字旁，孩子就会明白，只要我称呼的人是一个女性，一般会有女字旁，那他就通过这些字的学习，也认识和掌握了"女"字。又如，看见"鸟"

字旁，孩子如果去想，鸭子的"鸭"也有一个"鸟"，天鹅的"鹅"也有一个"鸟"，这样，会加深他对"鸟"及相关文字的理解。这个学习过程，就是学会了用汉字来理解汉字。科学的教学程序和合理的方法，会在不知不觉中培养孩子良好的学习习惯，激发起他们了解汉字的好奇心。如果孩子能有好奇心，认真思考这些汉字是怎么构造的，就能在感性识字的基础上，提高他们对汉字的理性认识。因此，我们不能一开始就教生僻字，而是应该教常用字。

初期积累字怎么选呢？最重要是有效，上一讲我们介绍过汉字覆盖率的函数图（参见第232页。——编者按）。根据这个函数图，从第一个字开始一直到第1000个字，对常用汉字的覆盖率，基本是直线上升的。一般来说，在这个范围中挑选初期积累字，能够确保这些汉字在日常生活中的使用频率很高。用教育术语来说，就是它的重现率高。再往上发展，曲线相对会平一点，但仍然增长得比较快，到了2500个字以后，函数线就几乎变平了，说明超出这个范围的字，不是常用汉字。所以，在初期积累字的学习阶段，首先要选择那些经常使用的汉字，这样的教学是有效率的。有的人主张在学前教育阶段就让小孩认2500个字，但如果这些字不加以选择，其中一些字，孩子即便知道了也可能一辈子都不用，孩子一面认一面忘，这样的学习是低效甚至是无效的。

我们不仅要教孩子认字，还要使孩子逐步地懂汉字，培养他们对汉字的"感觉"，即通过教学过程，让学生了解汉字的表意性，认识汉字的构造特点和使用规则。同时，我们也要注意，孩子有自己的话语体系，对比成人和孩子，同一个汉字的使用频度是不一样的。在教孩子学习的时候，我们不能要求孩子说大人的话，更不能要求他们去学习他们话语体系中没有的汉字。

因此，初期积累字对应的词，应是6—7岁儿童口语中已经会说的，也就是音与义已经被学习者把握了的。打一个比方，如果我们去和一个孩子讲国际形势，孩子肯定不愿意听，但我们不能根据这种情况，就此认为他觉悟低，不关心国家大事，其实是因为国际形势的词汇不在孩子的话语体系中。当六七岁的孩子开始学习汉字的时候，他口语中会说的词是有限的，而汉字是记录汉语的，如果你教的字，是记录他口语中已经掌握的词汇，像"妈妈""想""爱""这""那"，都是孩子已经会说的词，那么这些字对他来说是"熟词生字"，学习汉字不过认一个字形而已。但如果你教他写"母亲""沉思""慈祥""此地"这些很书面化的字词，由于这些词在低龄儿童语言中很少使用，他对音义都不熟悉，这些词对他来说就是"生词生字"，学习起来会很困难。你教小孩子"岳丈"，小孩有岳丈吗？"苍茫"，他体会过苍茫是什么状态吗？你说"贸易"，他生活里有贸易这种现象吗？像这些超出孩子的话语体系和生活经验的词，孩子很难理解其中的词语意义。在这个时候，如果你教他去写这些字，他就很难掌握，而且遗忘概率极高。因此，成人和孩子的话语体系和用字频度都是不同的。下面，是不同年龄的人——孩子和大人分别的用字频度表：

字频来源 \ 汉字抽样	中	国	发	年	成	种	分	体	物
国家语言文字工作委员会平衡语料库频次	13	21	29	33	43	50	52	73	80
教育与科普综合语料库频次	9	26	31	39	24	37	36	38	18
适合第一学段儿童文学语料库频次	132	156	103	223	119	251	299	541	264

第一个字频来源为"国家语言文字工作委员会平衡语料库

频次",这是成人的字频;第二个字频来源是"教育与科普综合语料库",是较为书面化的字频;第三个是"适合第一学段儿童文学语料库频次",这是我们在研制《通用规范汉字表》的时候,根据小学一到三年级的教材和搜集的一部分儿童口语所做的儿童文学语料库,体现了儿童的字频。以"中"字为例,在成人的字频中排到第13位,在教育科普类的字频中排到第9位,但是在儿童文学语料库中,却排到了第132位。小孩为什么不说"中"呢?因为他掌握的词少,他可能会说"中间儿",但不会说"我在你们中间"这种书面化的语言。他说"中国"的机会也比较少,因为这些表达比较宏观的概念,在儿童的话语体系中比较少。再看国家的"国",在国家语言文字工作委员会的平衡语料库里面占第21位,而在儿童文学语料库里,它位于第156位;发展的"发",在国家语言文字工作委员会的平衡语料库排到第29位,而儿童文学语料库中,则到了第103位。其他的"年""成""种""分""体""物"等,在成人和孩子那里,使用频次差异都很大,道理都是一样的。这些说明什么呢?这说明挑选初期积累字,要适当考虑儿童的话语和字频。

同时,我们不但要保证初期积累字的有效性,还要尽量做到教学的高效性。因此,在选择初期积累字的时候,也可以尽量按照以下几个特点来选择:第一,由于复杂的字不好记,初期积累字的结构,要选择结构相对简单的字,构件数目一般不要超过两个,至多是三个;第二,构意明晰度高,能够按照构字理据去讲,即不含理据丧失的记号构件。在现代汉字特别是简化字中,有些汉字已经部分或者全部丧失理据,并不是说这些汉字不能还原构字理据,但这个过程会曲折一些,讲起来比较麻烦,孩子理解起来也会比较难。而构意明晰度高的汉字,会激发孩子的学习兴趣;第三,构字频度高。构字频度是说一个字不仅单独成立,而且还可以作为部件,参与组构其他的汉字,这样,学习一个汉字,就有利于带动孩子去学其他的汉字。在这个阶段,作表义部件也就是我们常说的部首字的学习和掌握,有利于带动第二阶段的学习;此外,在这一阶段的学习中,也应该适当选择虚词,以便组句。比如说"的"字就是口语中经常使用的虚词,当他学会虚词之后,就可以把一些字连成短语和句子,组成"我的书""你的饼干"等词组。

在确定选择的初期积累字的有效性和高效性后,初学汉字,我们还应该注意以下几个问题。

第一,要将部件的讲解和字理概念的渗透结合起来,优先选择部件关系有明确字理的字来进行讲解。通过这些讲解,可以使孩子了解汉字的表意性,并引发学习兴趣。对于孩子的汉字教学来说,如果一上来就给他灌输道理,讲汉字学理论,孩子听不懂,也没必要这么教。在教育学中,有个词叫作"渗透",是说把知识点包含在具体内容中,使孩子能慢慢地自己体会。例如:"穿"字的上面是"穴",底下是个"牙","穿"的构造理据,是指用牙啃出洞。"窗"上头也有"穴",是在墙上开一个窟窿。从这些含有"穴"字的字,就可以归纳出"穴"字的意思是窟窿、孔。先讲了"家""客"这些从"宀"的字,让他们知道"宀"代表的是房子住所的含义。再和"穴"进行比较,孩子就能明白,"穴"是"宀"下面加一个"八","八"代表"分","穴"的"窟窿"义自然好讲也好记了。先讲"宀",提示了它房子的构意,后讲"穴",这是一个很优化的程序。通过潜移默化的教学渗透,能使孩子明白汉字的组合规律和部首的作用。

第二,要在教孩子认字的过程中,逐步培养他们的思维。这包括几方面的思维训练。首先,是对归纳性思维的培养。比如:"口"字在现代汉语的口语中,不是一个常用词。一般只在"出口""吃一口"等生活用语中使用。口字本义表达的概念,在现代汉语中已经用"嘴"来代替了。但是,"口"字却可以构造出很多字,如"吃""喝""哈""呼""唱""叫""吹""吐"等。小孩子只要一看旁边有口,就会知道这个字的意义和嘴有关系。这些口语高频字的意义很容易理解,在掌握和学习汉字过程中,孩子们通过对意义和形体之间关系的理解,就锻炼了他们的归纳性思维。同时,形声字的声符,也可以在韵语中归纳出来。这就是早先有的老师们主张的"字族文识字法",比如说,"天青水清天气晴,小小蜻蜓大眼睛。吃了蚊虫心情好,请来伙伴同欢庆"。在一首短短的童谣中,清凉的"清",晴天的"晴",蜻蜓的"蜻",眼睛的"睛",心情的"情",请来的"请",这六个字的读音,虽然声母和声调稍有差异,但读音和"青"字都有关系。孩子念完之后,他先记住的是童谣的内容:大眼睛的蜻蜓去吃了虫儿,吃完了虫儿以后把伙伴们都请来开个庆祝会。这时,你可以告诉他,里面有很多包含"青"的字,读音也和"青"接近。

这就是在渗透中学习,也是对归纳思维的培养。其次,是对辨析思维的培养。我们可以举几组例子:"大"和"太"差一

点;"少"和"小"差一撇;"本"和"木"差一横。虽然形体上有差异,但在意义上又都有关系。"大"是一般的大,"太"就是辈分大;"小"是体积小,"少"是数量少;木头底下那一横就是它的根,本的原义就是"树根"。在学习这些形体相近的字的过程中,孩子也学会辨析差异。又如,"京——亭——高",它们上半部分字形是相同的。"京""亭"为什么和"高"有关呢?《说文解字》说:"京,人所为绝高丘也。"京是古代在洪水时期,由人堆起来的很高的土坡,可以做防洪指挥部,后来把政治上的中心也称为"京"。"亭"是很高的亭台,也和高有关系。而"扣—吃—唱—叫",这些字中都有"口"字,但是"扣"是从口得声,"吃""唱""叫"用口表示嘴的动作。"口"字既可以作声符,也可以作义符,在汉字构造中作用不同。通过辨析相关而本质不同的现象,就可以在学习汉字的同时,提高孩子的辨析思维能力。最后,要培养孩子的联想思维。例如:简化字"飞",只有一个翅膀,繁体字"飛"却有一双翅膀,小篆的"飛",上边是头,头上有羽毛,下面是两个翅膀。两个翅膀截下来就是非常的"非"。这样,了解飞机的"飞",追溯其繁体字字形、小篆字形,理解构意,并从小篆了解"非"的构形,就非常清楚了。人能将有关的事物联系在一起,就有想象力,能够举一反三。这个学习过程就培养了思维能力。

第三,可以适当利用古文字字形进行识字教学。例如:

日　月　山　雨　马

有些汉字,用现代字形已经很难讲清楚,如上图中的"日",楷书字形中并不像太阳。但在古文字中,太阳是圆的,月亮是缺的,山有三个山峰,雨是从天上往下滴水,马有很明显的鬃毛。利用这些古文字字形,我们就会明白,现代汉字中,尽管这些汉字看上去什么都不像,但它们是从象形文字中演变而来的。再进一步,我们也会明白一些汉字学知识,了解字形和字理的一致性,明白现代汉字和古代汉字的演变关系。

第四,可以利用字理沟通字与词的联系,例如:"除"的"除去""排除"义古今通用,而"除"的本义是"堂前的台阶"。《说文解字》:"除,殿陛也。从阜,余声。"《汉书·李广苏建传》:"扶辇下除,触柱折辕。"杜甫《南邻》诗"得食阶除鸟雀驯",这里的"除"都是用本义,指台阶。杜甫诗句的意思是,当你要喂鸟的时候,要把粮食撒在台阶上。由"台阶"义又引申出"更替"义,如"除官""除夕"。"除官"不是罢官开除,而是换地方。"除夕""除岁"是新年旧年交替之夜。因为台阶是均匀等分的,所以又引申为"加减乘除"的"除"。再如"矫"字从"矢","矢"是箭,为什么矫字会从"矢"呢?因为古代制造弓箭的标准,要求箭头的重量平衡,箭杆笔直,这样能保证射出去的箭中标。由于箭杆笔直,古代也可以拿箭当尺子用。古代要想把东西弄直就叫"矫",要想把东西弄弯就叫"揉"。所以才有"矫正""矫形""矫情"等词。什么叫矫情?情原本是指事物与生俱来的本真的状态,刻意去矫正它就勉强,不自然,所以说,矫情就是假的。我们再来看"结束""要领"两个词。"结束"指一件事情完结。"结"从"糸",原指把襟边的小带系起来,类似于我们今天系扣子。"束"的字形是一根草木捆上绳子,所以系腰带叫"束"。带子系上了,腰带系上了,衣裳就穿完了。所以"结束"本来是指人穿衣裳的最后一个步骤,后来引申,就有完结、终了的含义。"要领"为什么有要点的意思?从文字上看,"要"是"腰"的本字,小篆字形"",

像一个人站在那儿，两只手叉在腰上。"领"原指人的脖子。腰和脖子是人体的枢纽，对人来说是最重要的两个部分，古语中还有"全其腰领"一句。古代行刑有两种比较常见的方法，一是颈刑，就是砍头；一是腰斩。"全其腰领"，意思就是保全一个人的腰和脑袋。要领后来就引申为要点的含义。不难看出，通过字理，可以把字词联系在一起，也可以把文言和白话联系在一起。

第五，要从笔势回到笔意。笔意是能体现造字意图的字形，笔势是无法体现造字意图的字形。一个字开始是有笔意的，特别是象形字，但在发展过程中笔意慢慢变成了笔势。如"日"，它的楷书字形已经笔势化了，不再象形。对于这些字，如果不懂，书写就会变成没有意义的符号，是少有乐趣的。但当你从笔势找回到笔意，书写就是实现含有文化的符号，同样是"日"，写的是方的，但你会想到它过去是个圆圆的太阳，是不是就更有兴趣呢？这些问题对于成人学习汉字同样可用，成人的汉字教育更有理性，一个非母语的成人掌握的词汇量不同，把握汉字的规律，把他们引导到中国的文化中，不会比教孩子更难。

因此，学习汉字不能只靠记忆，要从感性走向理性，使汉字教育和语言结合，和文化结合，和读书结合，和审美结合，并把古今沟通起来，让字变得不再枯燥、不再无趣。要做到这些，就需要我们了解汉字的知识、明白汉字的道理，逐渐懂得汉字。懂汉字才能更好地学习汉字和教别人汉字，才会爱汉字并有写好汉字的兴趣。有了这样的素养，我们的孩子不再去戏谑汉字，他们会为把汉字写得歪歪扭扭而懊丧。对汉字有了亲和感，人文的气息就能油然而生，因为无处不在的汉字，就使你会想到历史，想到社会，想到全球，我们的人生就会增加更多的色彩和乐趣。这就是为什么我们要开讲"汉字与中华文化"这一课的原因。

讲完这一讲，国图公开课"汉字与中华文化"就结束了。在这十讲中，我们从汉字历史讲到汉字性质、汉字结构、汉字应用以及如何进行汉字教学才能提高学习者的素养。最后，祝大家提高文化素养，在精神上享受更美好的人生！

现场问答

问：老师您好！这一讲中，您讲了学汉字，写汉字，爱汉字，我很有收获。同时，我也有一个问题，想向您请教。我们都知道，中国是一个以汉族为主体的多民族国家。除了汉族以外，还有55个少数民族。在这55个少数民族中，如何传承和发扬他们的语言文字？同时，如何向他们推广汉字，使他们认同汉字？对他们的汉语教学，和一般的对外汉语教学是否一样？

答：这是一个关于汉字和少数民族文字的问题。

首先，就少数民族的语言文字情况来说，在我国境内，有56个民族，除了汉族以外，有不少民族自己是有文字的。有一些是现在仍在使用的文字，比如说纳西族的东巴文，是一种象形文字。水族有水字，壮族有方块壮字，蒙古族有蒙文，藏族有藏文等等。而在历史上，还有些古代的民族文字。例如蒙元时期，曾经有一种拼音文字，叫"八思巴字"。这种文字，在当时可以记梵文、藏文、蒙古文，也还可以记汉语。另外，古代的西夏、女真、契丹曾有他们自己的民族文字，等等。需要说明的是，由于汉族的文化起源早，使用汉字的人口众多，所以一直以来，汉字就是强势文字。有不少民族文字，是在汉字的基础上，参考汉字的部件、笔画来创制本民族的文字。例如今天考古发现的古西夏文，就是用汉字拼写的。乍一看，西夏文很像汉字，但实际上，它只是借用汉字的部件来拼写西夏文的语音、词汇，是一种拼合文字。而白文、方块壮字、方块侗字，也是借用汉字来拼写，有的至今仍在使用中。同时，还有一些民族，尽管有自己的语言，但一直以来就没有文字。新中国成立以后,我国的一些少数民族语言文字专家,帮助他们创制了文字。

其次,关于少数民族文字的信息处理问题。以上这些民族文字,只要是能够成体系的文字,目前大部分都已经进入计算机,可以输录。比如藏文是拼音文字,目前我们有藏文的报纸、刊物,在计算机输入和排版上,技术已经很成熟。就古代文字来说,"八思巴字"也已经进入计算机编码了。而白族文字和壮族文字,前不久我国刚刚提出提案,拟将这些文字编入国际编码。在不久的将来,这些民族文字也应该可以用来和全国乃至全世界交流了。不只是国内,西方的不少语言学家、文字学家,也很关注中国境内的少数民族文字。

在少数民族语言文字中,保留了非常丰富的民族文化信息。目前在少数民族地区的语言教学,基本上采用的是双语双文的格局。双语就是少数民族语言和汉语,双文就是少数民族文字和汉字。之所以要教汉语、汉字,是因为汉语是中国境内的通用语言,汉字是通用文字。在经济迅速发展的当下,对少数民族来说,掌握汉语,有助于他们和更多的人交流沟通。但同时,应当说明的是,在推广汉语的过程中,我们并没有也绝不会消灭少数民族语言。少数民族的文字和自己的语言萎缩,是我们绝对不愿意看到的情形。在世界文化多元的格局下,我们提倡民族平等,各个民族也都有各自的文化,保存这些民族文化,就会使我们国家的文化更加丰富多彩!甚至有时候,我也特别羡慕那些学习和掌握民族文字的人,因为他们的文化是不单调的。我有一个研究白族文字的学生,在指导这位学生的过程中,我去过云南大理,在那里考察了白族的历史文化,读到了很多白文的碑文,它们保留了许多白族历史。甚至有一些少数民族文字比世界上文明古国的文字保留的时间还长,保留得还好。

所以，我个人始终觉得，热爱汉字，学习汉字，不等于不重视我国境内的少数民族文字，我们的少数民族文字同样要得到发展。

问：王老师，在讲座中，您曾经讲到过汉字的整理和汉字的规范化，我曾经想过，像《易经》的六十四卦，以及六十四个盲文符号，都是作为符号系统而存在的。但目前的各种输入法中，还没有办法输入这些符号。是否可以考虑把它们充实到汉字字库中？想请您谈谈这个问题。

答：首先，我可以明确地告诉大家，在古籍用字中，八卦符号已经进入国际编码，完全可以输入和输出。而就盲文来说，盲文是通过触摸来交流的，是一种靠触觉识别的符号系统。由于它不是视觉的符号系统，暂时好像还没有办法进入国际编码，但作为一个符号系统，将来作为国际编码只要解决了技术问题，也应该可以做到。

其次，我们也应当明确，从符号的性质来看，盲文虽不是视觉符号，但能叫作文字。而八卦符号却不是文字符号，只是一种代表"卦"的符号。也有些专家称之为"广义文字"，为了怕引起混乱，我们不这么称谓。文字应当形音义具备，但☰称为"乾卦"，只是它的汉语名称，并不是它的语音属性。在意义上，它的意义十分复杂。解释起来有卦象、爻象等，包含了非常多的词句、段落，已经超出了纯粹的文字符号所承载的"意义"。只是因为《周易》对汉语、汉字和中华文化的影响太大了，大家都会经常提起它，八卦符号在古籍中更是经常出现，所以作为一种文字之外的有系统的符号，给了它们码位，可以输录和显示。

问：老师您好！我想向您请教几个问题。第一，关于言文分离和文化传承问题。之前也听说过，从"断竹，续竹"开始，似乎书面语和口语就已经出现了不同。在中国，书写是一个系统，口语表达是另一个系统。它们都在随时间不断演化，但口语演化的速度快，书面语演化的速度慢。两者有不平衡。我们现在去读以前的文字，如果掌握了那个时代的书写系统，基本上阅读就没什么障碍了。但从胡适开始鼓励白话文写作开始，目前基本上大家的写作也都是白话文。随着口头语言的向前发展和飞速改变的语言习惯，若干年以后，或者从更长的时间来看，当未来人再要看我们这个时代的文字，应该会很费劲，甚至可能比我们去学习古文、读古文要费劲，您怎么看这个问题？

第二，我在思考，不仅仅是汉字，包括各种文字，它们会不会毁灭？我曾在一部外国文学作品上读到，毁灭教堂建筑的不是时间，不是战争，毁灭他们的是文字、出版、印刷，因为有了文字、印刷之后，传播宗教的方式，就有了更简洁、更迅速的方式。从目前来看，随着声、光、电、磁这些记录系统的日趋完备，会不会在将来，出现一种记录体系，取代我们现在的文字呢？

答：关于言文脱节的问题，这是由来已久的一个历史问题。在先秦时期，文言文基本和口语一致。但发展到后来，口语在活动中不断演进，书面语一直有仿古的倾向——汉朝人在模仿先秦时代的文章，唐朝人还在模仿先秦的文章，到了清代，清代人的口语和我们今天已经没有很大的区别，但拿起笔来仍然模仿先秦时代的文章。清代蒲松龄的《聊斋志异》，很多人都看过，它的语言和《左传》《史记》的语言差别也不大。我们今天还可以看到康熙、雍正、乾隆批的折子，上面还有"照办""可以""尽快办理"这样的亲笔御批，这不都是汉语白话而且是北京话吗？但你看他们写的诗文，也都是文言。这说明，清代人的文言文是脱离口语的。客观说来，口语的速度发展比较快，文言尽管也有发展，但是整体的体系性变化不大，两者发展速度的不同，造成了言和文的脱节。但言文脱节，并不是一个正常的现象。从唐代开始，就已经有了白话小说，白话并不是始于今天。而就诗词艺术来看，唐诗基本上是文言的，但在宋词中，有不少白话的成分。

尽管我们今天还保留文言的学习，但是如果仍然按照文言文来写作，在有些方面是行不通的。例如，如果让你用文言写一份计算机的说明书，或者写一部科幻小说，恐怕就很难。究其原因，这是因为文言文中缺乏很多现代科学词汇，很难表达现代的思想和内容。同时，书面语和口语是不同的，书面语实际上是对口语的加工和发展。以领导们的报告为例，这些报告尽管有一些口语化的表达，基本上是书面语，跟我们一般聊天说的大白话有一定的差别。我想，到了五十年、一百年以后，读文言肯定还是比读白话难，不会出现白话比文言更难懂的情况。

言文脱节不是一个很好的现象，对发展文化和交流都很不利。因此，采用白话文写作，是一个时代的进步。我们不可能倒回到古代，都写文言文。当然，出于爱好，现代也有一些人用文言文写作，写古体诗词的更多一些，也有不少写得非常不错，我们不反对。但在基础教育和社会交流上，不能普遍提倡。要求所有的孩子都去写格律整齐的近体诗以及佶屈聱牙的文言文，是没有道理的。但是，读文言文，鉴赏古代诗词，接受文化遗产，加深对自己民族文化的理解，这是应当普遍提倡的。

第二个问题，关于科技发展后，文字会不会消失的问题。我想说，建筑的方式可以进步，但人类总要栖息居住，完全没有是不可能的。宗教的教堂会不会被符号的信息所代替？当然可以想象。可是，符号可以传递思想，却不能给予教堂提供的肃穆、虔诚的氛围，各有各的功能。比如远程教育，可以在视频里接受课程，但也缺少了集体生活、师生交流、校园文化等多彩的生活，也是有局限的。计算机传递信息，可以有各种数据形式，但任何信息载体也不能替代文字。文字是符号系统。符号系统的功能是记录并显示某些事实，文字记录的是语言。科技再怎么进步，也不可能替代人的语言功能，更不会消灭文字。所以，随着科技的发展，文字作为记录语言的符号系统，只能改变书写方式和传播方式，使它更便于书写、快速传播、长期保存。在这方面，人们可以任意遐想，可以启动智慧去发明、去创造。但科技不能使文字消亡，因为科技的发展也是要文字介入其中的，这就是自然科学和人文科学必然要同步发展的原因。再说，科技的目的是使人类进步，任何一种文字都携带文化，记载历史，沟通关系，如果不是反动的力量操纵的科技，为什么要去消灭一种文字，让人类倒退到蒙昧时代去呢？您是否同意我的看法？

问：老师您好，讲座之中，您提到了汉字普及读物的事情。我想，您能不能介绍一下，就初级的汉字学习者来说，有哪些针对普通层次的普及类的读物，有利于汉字的推广或者学习，让我们更爱汉字？如果想更加了解汉字，是否有一些中级的、高级的书，例如像词源学、语言学的著作呢？

答：这次国图公开课，已经给大家推荐了二十本书，这些书都很好。这个推荐书目上的书，也并不是都需要从头看到底，大家可以带着问题去浏览，选读其中的一节、两节，对各位也是有帮助的。

但关于普及读物、深入阅读物的问题，说实话，真正面对大众切实存在的问题撰写的普及汉字的著作，还是非常不够的。我们这些做相关研究工作的人确实不够努力。有些时候，虽然很想做，但是不太知道大家所困惑、所思考的问题是哪些。通过这次公开课，给了我和大家交流的契机，通过大家的提问，我知道了大家想的问题，已经给我很大的启发和收获，也会对我今后的工作有所推动。

关于汉字方面的学习，我也有三条经验，可以给大家分享。第一条是终身学习，第二条是不断完善知识结构，第三条是培养兴趣。

第一，要树立终身学习的概念。其实，要了解汉字，一本书、几本书，也是不够的。知识是积累的，在知识爆炸的大环境下，我们提倡"终身学习"。这不仅是对大家的要求，也是对我的要求。以我的亲身经验来说，从1985年，我开始接触计算机。但到现在，我对计算机，还是有点摆弄不过来。有时候，我会开玩笑说，计算机老是欺负人！但当我把我碰到的问题，交给一个学计算机的人来做，他噼里啪啦，三下五除二，就解决了。这其实就说明，计算机的发展太快了，我业余学习仅仅应用计算机，都是永远不够的。因此，终身学习，不要放弃，渐学渐深，对于非专业的学习，就是非常有必要的。

第二，要不断完善自己的知识结构。知识既是多方面的，也是相互关联的。有一个形象的说法，把知识杂乱比作"杂货摊"，意思是一个人什么都知道一点，但是十八般武艺样样稀松，这是不好的知识结构。对个人素养的培养，首先要在知识结构上合理发展，每一个人的学习，不应当是盲目的，明确知道我想学什么，学了这东西我的目的是什么，这就是对知识结构的合理规划。我觉得，好的知识结构要首先提高语文素养，因为语文素养是你学习、吸收其他有用知识的工具和武器。

　　第三，要做好一件事，在目的明确时，可以硬逼着自己去做，但这终非长久之计。一定要有兴趣。我可以告诉在座的父母亲，你想让孩子学一种技术或艺术，勉强、逼迫甚至监视、吓唬，绝非聪明，更难奏效。只能引导，让他钻进去，产生兴趣。实在没兴趣，也只能换一个方向。如果你能培养一个处处好奇，什么都想去看一看的孩子，就太好了。好好观察他、激发他的兴趣，把他引导到最适合他的入口，让他的智慧充分发挥。但当你的孩子天天坐在家里，只知道玩手机，玩一种游戏，那说明孩子兴趣太不广泛，你就要多关心他了。

　　此外，除了知识结构、兴趣以外，接触新知识，也有机遇问题。我们今天，是一个机遇很多的时代，要善于把握机遇。大家因为对汉字的兴趣、对文言文的兴趣，来听国图公开课，这就是机遇。通过讲座，大家有收获，我也有收获，我们都抓住了机遇。

　　问：王教授您好，听了您的讲座，到了最后一讲，我有一种意犹未尽的感觉。课程的结束，有点恋恋不舍，也有一些感受，想表达一下。

　　我在北京师范大学上本科的时候，那个时候您已经不教本科生了，您的大名，在古汉语界、在北京师范大学都是如雷贯耳，但那时候的我，一直没能有机会聆听您的讲课。在走出校园十几年后，能够有机会在国家图书馆听到您的讲课，我觉得特别幸运，也弥补了大学的空白和遗憾。在这些汉字普及教育的讲座中，您把您深厚的学术素养，化作了深入浅出的语言。

在这背后，一定还有大量而又辛苦的付出。每一讲中，自始至终，您始终温和儒雅而又神采奕奕，让我感受到了大家风采，以及您对文化和社会教育的责任感和使命感。在您身上所具有的真正的知识分子的情怀，让人非常感动！

我的第二点感受，来自于国图公开课。随着社会的进步，我们能感受到，社会教育、家庭教育和文化教育，越来越得到重视。今天，我是坐地铁4号线来的。一路上，我们能发现，在地铁沿线，原先在路边的墙上，有不少房地产的宣传广告，如今都改成了读书宣传以及读书类的格言。特别是地铁4号线的国家图书馆站，特别能让人感受到读书的力量。我觉得，可能每一个热爱知识、热爱文化、热爱读书的人，都多多少少有一点图书馆的情结。博尔赫斯说：这个世界上如果真的有天堂，天堂应该是图书馆的模样。在以前，我觉得图书馆更多地给人一种神圣，甚至有一点距离感。但现在的国家图书馆，以一种更开放的姿态，通过公开课的形式，带着亲和力，自觉地走向大众，从而在社会教育、文化教育方面，自觉地担当起引领作用。国家图书馆的讲座，也让我非常感动！

最后，我也想谈谈我的困惑和想法。一直以来，我们的汉字教育和文化教育，最重要的阵地，还是在基础教育。我很幸运，我是一名中学语文老师，在每一届的新高一的第一节课，我一定会给他们讲余光中先生的两句话：仓颉的灵感不灭，美丽的中文不老。我会去告诉他们，要热爱和欣赏我们的文学，要热爱和敬畏我们的汉字。但是在教学实践中，我也会发现，我们的学生对于包括汉字、文言的字义词义，更多地采用了死记硬背的方式，也缺乏对汉字的人文性及文化内涵的认识。作为语文老师，我们可能也就只能简单地给他们介绍一下六书的造字法和用字法，讲一些基本的文化内涵。目前的中学教育，普遍还是重视文学教育，在汉字教育方面，则有所欠缺。而对作为中学教师的我们来说，自身的素养也不够到位，一些知识结构也不完善。我有这样的想法，能不能在为基础教育设计一套关于汉字文化方面的配套课程或者读本，循序渐进，从小学到中学，使更多的人学习和了解汉字。

另外，目前我们基础教育领域，主要以《新华字典》和《现代汉语词典》作为参考。但对想要了解汉字源流的人来说，似乎还没有特别好的参考读物。我有一个特别简单的想法，能否做一本以汉字的起源和发展为线索的词典，首先列简化字的字形，其次是注明繁体字，在字形上，能够展示出从甲骨文、到金文、小篆的字形流变，在词义上，有《说文解字》的本义解释，也有引申义、假借义的发展过程。这样的字典、词典，并不要求全，但能做到有普及性，可以给学生和老师使用，同时也方便社会大众来使用，不知道这个想法是否可行？谢谢王教授！

答：首先要谢谢这位老师，她已经很全面地把她听课后的感谢给了很多人。我要接着她的话，感谢在座的诸位朋友。每一场公开课，有主讲人，有各位听众，才能构成完整的课堂。在这里，大家的交流提问，也给了我很多启发。同时，我也要感谢国家图书馆的工作人员，在每一讲的背后，都有他们的辛苦付出。比如说，我制作的PPT幻灯片，在投影到大屏幕前，要重新加工、制作。很多设备要悉心地调试。有一些演播条件，现在还不具备，他们总是尽心尽力去创造、完善。因此，我也要代表大家一并感谢国家图书馆。

就这位老师所提出的问题来说，目前，我们有很多的工具书有待建设。在今后，我们也会编写一些学习字典、字理词典，让老师们有据可依，也让孩子们能够去查阅。目前，我们的基础教育正在改革，我现在也在参与制定教育部的高中课标，大家将来也会看到，高中的课程改革力度会非常大，以后会有更多的语文活动，让孩子们自己去发现问题，解决问题，也会有更好收效。让我们共同努力，让汉字和我们的中华文化深入人心，发扬光大，在这个基础上，来建设我们美好的精神家园！

后 记

　　这本小书是我在国家图书馆讲"汉字与中华文化"公开课的录编。"录编"这个词也许有一点生造，但是我实在找不出第二个说法能够表明这本书与国图公开课的关系：书确实是课的实录，内容、结构、观点甚至图表，完全是公开课上录下来的，特别是听众的提问，完全是照录，不敢走样。可是，把课编成书，比直接写一本书都费事。虽然听众们常常说我讲的内容"深入浅出、清楚明晰"，可是据讲课实录下来的文本却十分芜杂，简直没法看。这才知道在面对面的环境下对话的实录和口语性强的书面语，仍然是有很大距离的。我请自己的博士生帮忙把话语理顺了，再一看，内容还是不行。又请几位同行的年轻老师根据我的论著对有些问题重新梳理，几位年轻老师虽都学有专长，撰文能力很强，但是由于怕我的原意不保，他们不好任意添加，有些难度比较大的地方，还是感觉缺点什么，不是说得太透彻。所以，到了我的手上后，还是用了相当长的时间提炼、润色加增补，再加上责编的工作，才最后定稿。

　　我详细描述了成书的过程，其实是想说明两个我认为非常重要的问题：一方面，是想说明，口语的作用是当面对话，身临其境，自然亲切，这才是真正的、有针对性的交流；但是另一方面，口语交流受时间和环境的限制，当面讲的那点东西，也不过是给了大家一点印象，信息量是很有限的。看来，书面语在传播思想上的能量，确实要比口语大得多。所以，如果没有国图公开课给我这个跟大家面对面对话的机会，我很难跟大家沟通；同时，没有国家图书馆将公开课内容编辑成书的策划，在内容上也会有太多未尽的遗憾。这也就是说，书虽是课的实录，但内容并非一模一样，读者如曾是公开课的听众，不要诧异书里写的东西要比课上讲的多了一些。

我从事汉字研究、汉字教育、汉字整理和汉字规范工作半个多世纪，对汉字是中华文化的基石有越来越深的体会。这十来年，一石激起千层浪，汉字成为社会的热门话题，关注度飞快提高，贬低之词少了，讲解的热情高了，亲和与信任的态度成为主流。比起"废除汉字"声浪日高的20世纪之初，当今汉字的命运峰回路转，存废问题已经不必再争论。但是，当今人们对汉字的认识，似乎日渐生疏，热情之余，误区也不少。例如，2009年《通用规范汉字表》在全国征求意见，有几组汉字的形体笔形变异不统一，我们做了一些微调，居然有人在网上炒作，掀起反对的轩然大波，弄得这项工作进行不下去。在基础教学领域，汉字的字理被编成各种故事，一笔一画被说得神乎其神。报纸用大篇幅登载"××说字"的文章，随意编排字意，竟被认为是"弘扬传统文化"。对外汉语教学，有各种背离汉字科学的稀奇古怪的"教学法"来帮助记忆……这些误说并未引起充分的重视。为此我们写过很多文章，但越是学术的刊物看的人越少，有时候，我也会产生一种冲动——能否有机会和热爱汉字的人们对对话，也许会对自己普及汉字学的工作大有裨益？

2015年，国家图书馆社会教育部（中国记忆项目中心）的汤更生、田苗、史建桥等朋友找到我,希望我担任国图公开课"汉字与中华文化"的主讲。他们对社会教育的责任心和我希望普及汉字科学的急迫感深度共鸣,事情几乎在我们第一次见面时就确定了下来。接着是紧张的准备,为了2015年4月23日世界读书日能够按时开播,更为了做出科学和有针对性的课程内容,我和所有工作人员做完全部视频仅仅用了两个多月的时间。

我在每一讲的录制课堂上都会面对我的自愿交流者——他们渴求知识、充满好奇、兴趣盎然。他们的目光和提问告诉我,汉字是他们最熟悉的中国事物,却是他们知之不深的传统文化。我们迎来了一个弘扬传统文化的好时代,传统文化要走向现代,不光是要有懂得它的专家,更要有懂得它的大众,大众才是传统文化在新世纪传承的坚实基础。让更多的人在科学了解汉字的基础上热爱汉字、敬畏汉字,把汉字走向现代、走向世界的命运放在心上,应当是我们义不容辞的责任,我们要做的事还多着呢!

感谢国家图书馆社会教育部(中国记忆项目中心)与我合作团队的全体成员,本书由北京师范大学"汉字研究与现代应用实验室"协助编校。感谢实验室帮助我提供资料和整理书稿的年轻朋友卜师霞、凌丽君、孟琢、董婧宸、黄国辉、张蒙蒙,感谢生活·读书·新知三联书店编辑这部形式特别之书稿的用心和用力。

2017年4月23日世界读书日